KB150936

연봉 10억 공인중개사의
영업 비밀

연봉 10억 공인중개사의
영업 비밀

초판 1쇄 발행 2022년 11월 25일
초판 2쇄 발행 2022년 12월 16일

지은이	노창희
펴낸이	이종문(李從聞)
펴낸곳	(주)국일증권경제연구소
등록	제406-2005-000029호
주소	경기도 파주시 광인사길 121 파주출판문화정보산업단지(문발동)
	서울시 중구 장충단로 8가길 2(장충동 1가, 2층)
영업부	Tel 031)955-6050	Fax 031)955-6051
편집부	Tel 031)955-6070	Fax 031)955-6071
평생전화번호	0502-237-9101~3
홈페이지	www.ekugil.com
블로그	blog.naver.com/kugilmedia
페이스북	www.facebook.com/kugilmedia
이메일	kugil@ekugil.com

*값은 표지 뒷면에 표기되어 있습니다.
*잘못된 책은 구입하신 서점에서 바꿔드립니다.

ISBN 978-89-5782-222-7(03320)

워라밸 끝판왕 공인중개사 성공 스케치

연봉 10억 공인중개사의
영업 비밀

노창희 지음

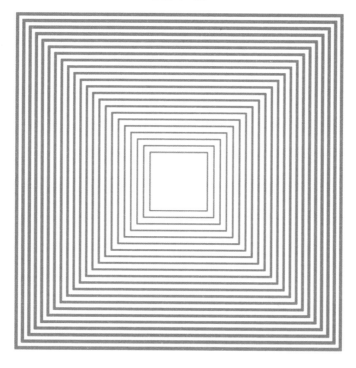

국일 증권경제연구소

프롤로그

부동산 에이전트로서 영업을 시작하는 사람들에게

브래드 피트가 주연으로 나온 〈머니볼〉이라는 영화를 여러 번 봤다. 야구단의 단장으로 연기한 브래드 피트는 소속팀을 우승으로 이끌기 위해 용병술과 데이터에 근거한 코칭을 중요하게 생각하는 사람으로 나온다. 타 구단의 단장들과 끝없이 통화하고 만나서 자신에게 필요한 사람을 트레이드해 오려고 노력하는 모습이 드러나는데, 자기 팀에서는 소중한 선수이지만 더 필요한 포지션을 확보하기 위해 그 선수를 방출하기도 한다. 그 과정에서 상당한 고초를 겪고 의심을 받는다.

"에이, 저런다고 꼴등 팀이 경기에서 이기겠어?"라며 야구단 소속 선수조차도 자기 팀을 부정하는 이야기부터, 꼴등 팀이기는 하지만 그 팀에 존재하는 에이스와 실력 없는 선수 간의 알력 등 인간사와 다름없는 오만 일이 다 벌어진다. 야구를 주제로 다룬 영화를 볼 때면 야구라는 경기가 얼마나 내 직업과 닮아 있는지를 생각하게 된다.

나는 직장을 다니며 여러 번 이직했고, 내 사업을 해보기도 했지만 하는 일은 늘 같았다. '부동산'이었다. 부동산 업무 중에서 제일 잘하고 제일 오래 했던 직무는 LM(Leasing Management)이다. 임대대행 업무라고 하면 쉽게 이해가 갈 것이다. 건물주를 대신해 건물 내 신규 임차인을 유치하는 일인데, 흔히 강남구 테헤란로 같은 대로변 건물에 임대라고 붙여 놓은 현수막이나 간판에 전화를 걸면 나를 만나게 될지도 모르겠다.

흔히 부동산 일을 한다고 하면, 막연하게 큰돈을 버는 직업이라고 생각하거나 부자들을 상대하는 직업, 무언가 기획부동산 같은 단어에서 들은 안 좋은 인상 등 다양한 이미지를 떠올리게 될 것이다. 물론 부동산 시장은 상당한 지식을 기반으로 큰돈을 움직이는 큰 손의 기업이나 개인도 존재하고 사기꾼도 넘쳐난다. 혼탁함이 넘쳐나는 시장이다. 부동산 일을 하는 사람조차도 자칫 잘못 선택하거나 그릇된 사고방식을 지닌 사장이 경영하는 회사를 선택하면 자신도 모르는 사이에 어둠의 영업을 하고 있을지도 모르겠다. 막연하게 '한방'을 노리는 사람들이 생겨난다. '만루 홈런'만을 노리는 사람들 말이다. 그런 사람들에게 나는 단연코 이런 이야기를 하고 싶다.

"부동산 영업에서 홈런을 노리는 자에게는 삼진뿐이다!"

내가 처음 부동산 일을 배우기 시작했던, 첫 직장의 사장님(미국에서 오신 Andy)이 내가 입사한 첫날 신입직원 교육을 해주실 때의 첫 멘트가 바로 이 말이었다. IMF 경제 위기 상황을 지나고 있던 1998년도의 대한민국 부동산 시장은 돈 있는 사람들이 부동산을 싹쓸이하는 분위기였다. 나라는 위태로웠지만, 부동산 매수 시장은 후끈거렸다. 사회초년생인 나조차도 돈의 힘이 얼마나 무서운지 느꼈다. 그런 와중에 내가 처음 배운 것이 돈을 버는 방법이 아니라, 성실하고 깨끗하게 버는 방법에 관한 이야기였다. 그리고 평생 마음에 간직하게 만든 '한탕주의에 대한 경계'였다.

그렇다면 홈런 타자는 어떻게 홈런 타자가 되었다는 말인가?

홈런 타자는 안타도 많이 친다는 사실을 알아야 한다. 야구 선수가 타석에 설 때 1루에 누가 나가 있는지, 만루인지, 1, 3루에 주자가 나가 있는지, 1, 2, 3루가 다 비어 있는지 등의 상황에 따라 자신이 어떻게 할지 전략을 짜야 한다. 당연히 도와주는 코치와 감독이 있다. 야구 경기에서 가장 중요한 것은 타점을 내는 것이고, 타점을 내려면 출루해야 한다. 투수가 던진 공을 때려서 출루하든지,

포볼을 유도하거나 몸에 데드볼을 맞아서라도 출루해야 한다. 1루를 밟은 타자만이 베이스를 밟을 수 있다. 점수를 낸다는 말이다.

바로 이 출루, 타점에 대한 이야기를 부동산 영업과 비교해서 이야기해 보려고 이 책을 썼다. 나는 평생 부동산 영업 에이전트이자 세일즈 코치로 살고 있다. 영업과 코칭을 병행하는 것은 내가 몸담은 상업용 부동산 세일즈 시장에서는 몇 안 되는 직업이라 스스로 자부심도 느끼지만, 나이를 먹으면서 사회적인 영향이라는 측면에서 선한 영향력을 이 혼탁한 부동산 바닥에 남기고 싶은 마음이 강하다.

부동산업은 성실하고 정직한 사람이 성공하는 직업이라는 말로 시작하고자 한다. 좋은 성적을 내는 프로 야구 선수의 일상을 들여다보면, 부동산 영업을 하는 사람이 어떻게 하루를 보내야 하는지 알 수 있다. 이 책에서는 부동산 영업을 처음 시작하는 에이전트가 부동산 비즈니스로 자기 사업을 선택하고 시작할 때, 꼭 익혀야 하는 '기본'에 관해서 이야기하려고 한다. 그 기본을 익히는 것은 쉽지 않다. 프로 야구 선수가 경기가 없는 날에 항상 체력 훈련과 배팅 연습을 수없이 반복하는 것도 같은 이유일 것이다.

태어날 때부터 투수가 던지는 공이 농구공처럼 크게 보이거나 느리게 보이는 매의 눈을 갖고 태어난 타자는 없을 것이다. 어떻게 보면 감이라고도 말할 수 있는 보는 눈, 판단할 수 있는 안목이 생긴 것은 어린 시절부터 수도 없이 반복한 연습의 결과일 것이다.

이 책은 그 기본기를 익히기 위한 연습이 얼마나 당신을 성공한 부동산 에이전트로 만들어줄 수 있는지에 관한 이야기다. 매뉴얼이나 교과서처럼 딱딱하게 쓰지 않으려고 노력했다. 평생 건물 임대차 컨설팅 영업과 사내 교육을 병행하면서 다양한 영업 매뉴얼을 학습하고 실행하며 실전에서 얻은 결과를 바탕으로 매뉴얼을 수정하는 과정을 무수히 반복했다. 도달한 결과는 너무나 단순하다. 부동산 영업에서 성공한 사람들에게는 공통점이 있다는 것이다.

> 일찍 출근한다.
> 많은 사람을 만나려고 노력한다.
> 만나는 모든 사람에게 자신의 직업을 밝히고 명함을 건넨다.
> 사무실 안에서 최소한의 시간만 머문다.
> 스스로 동기부여를 유지하기 위한 다양한 멘털 강화 및 힐링
> 프로그램을 갖는다.
> 매사에 긍정적이고 악바리 정신이 있다.

국내에는 해외 유명 부동산 자산관리 회사, 부동산 운용사, 부동산 금융회사, 국내 자생 부동산 기업, 대기업 부동산 회사(대기업의 부동산을 관리하는) 등 다양한 부동산 기업이 활동 중이다. 각각의 부동산 기업은 임대차, 매매를 위한 조직이나 영업 사원을 보유하고 있는데, 일하는 사람들의 정신세계는 매우 다르다. 이 책의 대상자는 '부동산 에이전트'다. 구체적으로 이야기하자면, 부동산 회사에 합류해 자신의 부동산 비즈니스를 시작하는 '100% 인센티브제 부

동산 에이전트'를 대상으로 한다. 물론 부동산업을 하는 그 누구라도 고객과 물건을 발굴한다는 목적에서는 유용하다.

우선 나의 이야기를 하자면, 내가 26살이 되던 해에는 IMF로 나라가 여전히 시끄러웠던 시기였다. 대학 시절 공인중개사 자격증을 이미 갖고 있던 나는 강남역 PC방에서 야후 검색창으로 부동산 창업을 검색하다가 우연히 미국계 E사, C사가 한국에 진출해 있다는 사실을 알고 각 회사에 면접 신청을 했다. 야후 메일을 만들고 이메일로 입사 지원했다. 집으로 향하는 길에 우연히 내가 지원한 E사 간판을 보고 바로 그 회사로 들어갔다.

"정성껏 모시겠습니다. E○○코리아입니다. 무엇을 도와드릴까요?"라는 프론트 데스크 여직원의 말에 대답했다. "여기서 일하려면 어떻게 해야 할까요?"

그 후에 면접을 보고 (앞서 언급한) 앤디 사장과 2차 면접 후, 내 부동산 인생은 시작되었다. 평생 부모님의 부동산 건축 영업을 보면서 자라 왔지만, 아버지가 거래하던 복덕방과는 다르게 신선하였고 교육도 강하게 받았다. 이후 26년 동안 여러 회사에서 사내 영업팀장, 사내 세일즈 코치로서 배운 것을 영업에 실천하고 교육으로 전수하며 살았다. 그래서 내린 결론은 부동산 세일즈에는 왕도가 있다는 것이다. 그것도 뻔한 왕도가.

세일즈의 왕도는 건강, 정직, 노력이라는 단어로 표현할 수 있다. 이 단어들이야말로 부동산 성공의 왕도다. 일찍 출근하고 많은 사람을 만나야 하고 매일 거절을 당하는 마음 아픈 직업이지만 견

녀내야 하기에 심신이 건강해야 한다. 고객을 대하는 마음이 정직하고 고객의 자산 가치를 높이는 직업이니 높은 수준의 윤리적 잣대를 갖고 있어야 한다. 그리고 노력이 필요하다. 노력이라는 단어는 책 본문에서 무수히 반복해서 이야기할 '양적' 접근과도 일맥상통한다. '성실함'이라고도 말할 수 있다. 나에게 부동산 일을 처음 배우는 사람들에게 첫날 항상 하는 이야기가 있다.

"부동산 영업은 사람의 노력으로 통계적 한계를 이겨 먹는 직업입니다. 많은 사람을 만나는 사람이 좋은 사람을 만날 확률이 높아집니다. 사무실 안에는 고객과 건물이 없죠. 밖으로 나가야 합니다. GO~!"

나는 부동산 에이전트(공인중개사, 컨설턴트 등 다양하게 불리지만)라는 표현을 가장 좋아한다. 에이전트는 그냥 거래만 성사하는 사람이 아니라, 고객의 마음도 볼 수 있어야 하는 사람으로 연예인의 매니저나 한 기업 회장의 비서와도 같은 역할을 수행한다. 부동산 거래를 하는 사람도 마음의 거래를 해야 하기 때문이다. 부동산 에이전트는 자신의 노력에 따라 수익을 낸다. 마케팅 활동은 고스란히 에이전트에게 남는다. 위에 언급한 건강을 바탕으로 정직하게 많은 고객을 만나려는 노력의 과정에서 많은 '양'의 마케팅 활동(잠재 고객, 미래 고객 발굴)이 이뤄지고 통계적으로 실력과는 무관한 '좋은 고객'을 만나게 된다.

이 책을 통해 당신이 어떤 이유로 부동산 일을 시작했더라도 성공하는 에이전트가 되기를 응원하며 그 목표를 실현하는 데 도움을 주었으면 하는 바람이다. 부동산 영업은 오래 했다고 무조건 잘하는 것이 아니라, 짧게 일했더라도 제대로 배운 사람이 잘하는 것이라고 말하고 싶다. 세부적인 스킬이나 미묘한 심리전, 높은 수준이 요구되는 전문 분야도 접하게 되겠지만 거래를 위한 기본적인 고객 발굴, 물건 발굴이라는 마케팅 과정은 짧은 시간이라도 얼마든지 만들어 낼 수 있다. 세일즈에는 왕도가 있다.

5장 계약 성공

6장 마음 얻기

1 장

셰일즈 준비

세일즈를 시작하면서 준비할 것

★ ★ ★

부동산이라는 단어를 마음속에 품기

부동산 영업, 세일즈라는 단어 속에는 '내 사업'이라는 의미가 깊게 담겨야 한다. 어떤 회사의 판매부서나 총무팀 소속원으로 부동산 영업을 하는 사람이 아닌, 세일즈를 하는 사람은 수입구조가 일반적으로 월급을 받는 직장인과 같을 수 없다. 세일즈는 인센티브나 자기 급성장과도 같은 다른 동기를 현실화하고 더 빠른 성공에 만족감을 받는 시스템이기 때문이다. 매월 주어진 일을 하고 월급을 받는 것이 아니라, 내가 스스로 움직여 내 사업 소득을 얻겠다는 마인드에서 세일즈는 시작된다. 아니, 시작해야 한다.

9시에 출근해서 6시까지 일하며 월급을 받는 조직에서 일하는 사람들과 '뇌 구조'가 다르다는 이야기다. 자기 사업을 하는데 출퇴근 시간을 가려서 일하는 사람은 없을 것이다.

우리가 일상생활에서 집 밖을 나가서 다시 집으로 돌아올 때까지 우리 주변을 둘러싼 모든 것이 '부동산'이다. '의, 식, 주' 중에서 어떤 것 하나 중요하지 않은 것이 없지만, 그중에서도 '주'는 사람이 세상을 살아가기 위한 쉼터, 일터, 놀이터가 되는 중요한 요소다. 심지어는 매우 비싸다. 사람에게 가장 중요한 필수재이면서 누구나 좋은 집(부동산)에서 살고 싶어 하고 누구나 건물주가 되고 싶어 하므로 부동산 세일즈에는 항상 큰 기회가 있다.

나는 26살에 부동산 세일즈를 시작하고 영업이라는 것을 하며 살아왔기에 내 삶은 내가 계획하고 내가 벌어서 살아가는 것이라는 생각이 확고하게 자리 잡았다. 평소에 고객인 건물주들을 만나다 보면 부모가 건물주인 경우도 많지만, 자수성가 건물주도 상당히 많다는 것을 보게 된다. 부동산 세일즈를 직업으로 선택한 사람은 그런 기회를 더 쉽게 맞이할 수도 있을 것이다. 그렇다면 부동산 세일즈를 시작하는 사람에게는 무조건 탄탄대로의 꽃길만이 기다리고 있을까? 전혀 그렇지 않다. 앞으로 이야기할 내용을 당신이 당신 자신과 맺어야 하는 계약서라고 생각해야 한다. 계약이라는 것은 지키면 '이익'이 있고 지키지 못하면 '페널티'가 있는 법이다.

당신은 부동산 세일즈를 이제 막 시작하려고 하거나, 이미 시작한 경력자일 수도 있다. 경력이 있는 사람이라면 묻고 싶다. "꿈속에서도 부동산을 생각할 때가 있는지?"라고 말이다. 24시간을 부동산 관점으로 모든 세상을 바라봐야 부동산 세일즈에 성공할 수 있다.

친구를 군자역 카페에서 만났다고 가정해 보자. "음, 이 집 커피 맛있네."라는 생각만을 갖는 사람이라면 커피 애호가라고 불릴 수도 있을 것이다. 그러나 자신을 부동산 전문가라고 말할 수 있는 사람이라면 "음, 이 집 커피 맛있네." + "부동산 관점"을 갖춰야 한다. "이 카페는 프랜차이즈일까?" 하고 생각해야 한다. 만약 그렇다면 가맹본부가 어디인지 검색해 봐야 한다. 더불어 지금 네트워크를 확장하고 있는 카페인지도 확인해야 한다. 프랜차이즈가 아니라면 개인이 하는 곳인지, 커피를 만드는 사람이 사장인지 등을 확인하고 물어야 한다. 부동산적 질문을 해야 한다는 말이다. 예를 들면 다음과 같다.

- "사장님이세요?"
- "커피는 직접 로스팅하세요?"(이런 질문에도 가지치기할 부동산 질문이 수두룩하다.)
- "2호점 내실 생각은 있으세요?"
- "제가 부동산 자산관리자인데(제가 ○○빌딩 임대담당자인데 등) 이전 계획 있으세요?"

나이가 어린 사람이라고 건물 살 돈이 없을 거라고 자기 판단으로 생각하지 않아야 한다(그 사람은 부동산 부자의 아들이나 딸일 수도 있기 때문이다). 기계적으로 아침에 명함 20개 정도 명함 지갑에 넣고 그날 그 명함이 남의 명함 20개로 교체되지 않으면 퇴근하지 말자고 생각해야 한다. 소개의 힘은 굉장하다. 쉽게 전속도 받고 소개자의 인맥으로 나에게 예의를 갖추는 고객과 만나게 되기 때문이다.

항상 모르는 사람을 만날 때나, 어느 공간을 찾게 되거나, 운전하고 낯선 동네를 지날 때라도 직업이 부동산 세일즈라는 것을 잊지 말고, 접하는 모든 상황에서 부동산 이슈를 찾으려고 노력해야 한다. 그만큼 직업적 강박감이 있어야 성공에 가까워질 수 있는 직업이기 때문이다.

드라이브하다가도 신축 중인 빌딩을 보게 되면 무조건 차를 세워야 한다. 준공이 언제인지, 소유자가 누구인지, 어떤 용도로 짓는 것인지, 현장에 있는 사람이 건설회사 직원인지 사장인지 건물주인지 설계사인지 등을 확인해야 한다. 공사 현장에 누군가는 있을 것이다. 그 사람에게 명함을 건네면서 무조건 "안녕하세요? 저는 ○○○부동산의 노연우(가명) 공인중개사입니다."라고 이야기해야 한다. 명함을 건네고 회사 소개서를 전달해야 한다.

바둑의 첫수를 두듯이 '내 전속건물'로 계약을 맺고 내 사업장으로 만들기 위한 첫걸음은 실제로는 부동산 중개업의 전부일지도 모른다. 고소득을 내는 공인중개사(중개업 종사자, 컨설턴트 등)와 저소득자의 차이는 앞서 언급한 '잠재고객 만들기', '전속이 될 수 있는 부동산을 찾는 마음 자세'이다.

부동산 세일즈는 실질적으로는 멘털 싸움이다. '나는 영업에 성공할 것이다', '나는 이렇게 되고 싶다' 등 소망하는 것이 있을 것이다. 이 소망이라는 것은 어지간히 마음속에 품어서는 이뤄지지 않는다. 꿈속에서도 임장할 뿐만 아니라, 낮에 만나서 미팅한 고객과의 미흡한 미팅 내용이 생각날 정도여야 한다. 부동산 계약은 단연코 결혼만큼이나 어렵다. 내가 마음에 품은 '부동산쟁이, 부동산 전문가'로서의 성공 모습을 실현하기 위해서 계속 생각이라는 것을 해야 한다. 한마디로 '머릿속 시뮬레이션'을 해야 한다.

내가 30대 초반에 맡았던, 교대의 전속빌딩 건물주는 당시에 건물을 전속 임대 받는 동안은 건물이 모두 임차인으로 채워질 때까지 아침 7시에 본인과 매일 임대 마케팅 회의를 하자고 했다. 요구사항이 매우 구체적인 건물주였다. 보통의 건물주가 그러하듯이 건물주로서 건물만 관리하는 사람도 많지만, 전문직이거나 별도의 직업을 둔 사람 역시 많다. 교대 건물주도 여러 사업을 하는 사람이었다. 본인이 7시에 출근길에 오르기 전에 건물의 임대 마케팅 현황을 같이 의논하자고 했고, 매일 자산관리 회의를 하자고 하면서 상당한 수준으로 컨설팅 수수료를 상향해주었다. 매일 아침 7시에 건물 관리사무소에서 건물 공실에 우량 임차인을 유치하기 위한 전날 활동을 보고하고, 진행 중인 A급 조건의 진행 상황을 보고하고,

임대차 계약이 이루어지기 위해 갖은 아이디어를 짜내고, 그날 하루의 임대 마케팅 계획을 이야기하면서 아침밥을 먹고 각자의 사무실로 8시 반까지 출근하는 생활을 6개월 정도 지속했다.

돌이켜보면 '임대 마케팅 프로젝트 성공을 위한 한 팀'이었다는 생각이 든다. 그 당시 새벽에도 전화를 걸며 아이디어를 나눴기 때문에 고통은 상당했다. 하지만 배운 것과 느낀 것이 많았던 프로젝트였다. 나에게 교대 건물주는 '어느 정도'라는 어중간한 단어로는 성공할 수 없다는 것을 알려준 사람이었다. 이런 강력한 전속계약권(전속계약, 전속중개계약, 컨설팅 용역계약 등 다양한 이름으로 전속계약한다.) 확보와 책임중개의 수행은 당연히 '준공 전 임대 완료'라는 결과를 가져오게 된다.

교대 건물의 임대 마케팅을 하기 전과 후는 내 에이전트 생활에 큰 영향을 미쳤다. 교대 건물의 임대를 맡아서 채운 이후부터는 건물주가 나에게 임대 전속계약을 주었을 때, 나는 건물주가 생각하는 것 이상으로 건물 임대 마케팅을 했다. 고객은 '갑'이고 부동산 에이전트는 '을'로 전속 임대대행 계약서를 작성하지만, 내가 건물주를 리드하고 건물주에게 "이렇게까지 하지 않으셔도 돼요."라는 말을 들어야만 직성이 풀렸다. 이렇듯 고객이 당신을 보고 열정이 넘치는 에이전트라는 것을 느끼게 해줘야 한다. 어떻게 보면 알아서 잘하는 사람이니 건드리지 말라는 경고도 된다(을도 가끔은 갑에게 성깔을 보여줘야 할 때가 있다).

전속빌딩을 수주하기 위해 건물주와 미팅할 때, 내가 제공할 부동산 서비스, 임대 마케팅을 모두 설명하고 건물주에게 물어본다.

"이렇게 임대 마케팅을 진행하고 모든 과정을 건물주에게 수시로 보고하고 의논하면서 한 팀으로 임대 마케팅할 부동산 에이전트가 있을까요?"

돌아오는 대답이 "아니요."라면, 나는 바로 전속 임대대행 계약서를 주면서 사인해달라고 말한다. 길게 오래 설명한다고 전속권을 주는 것이 아니다. 또한 전속을 제안할 때는 아무 물건이나 받으면 안 되고 건물주의 성향, 건물의 규모, 예상 수익, 투입 시간과 인력 등 다양한 부분을 고려해야 한다.

서울 강남권에서는 꼬마빌딩이라고 해도 수십억에서 수백억에 이르는 매매가를 형성하고 거래가 된다. 수십억 원의 부동산을 매입하는 개인이나 기업은 대부분 레버리지(대출)를 일으켜서 자금을 조달한다. 수익률을 생각하면 전체 매입 자금이 있더라도 적절하게 월 임대료 총액과 대출 이자를 감안해서 은행에서 자금을 조달하는 것이 유리하다. '영끌'로 부동산을 매입하는 경우, 이 레버리지의 비율은 굉장히 높은 경우도 많다. 신축 시 건설 자금 조달도 크게 다르지 않다. 이런 상황에서 해당 건물을 전속빌딩으로 임대대행이나 자산관리를 수주한 에이전트는 고객의 대출에 대한 심리적 부담까지도 이해하고 업무를 중하고 진지한 마음으로 진행해야 한다. '진정한 책임중개'를 해야 한다는 의미다.

한번은 이런 일이 있었다. 내게 일을 맡긴 건물주가 몇 달이 지나서 나에게 물었다.

"노 팀장은 요즘 스트레스받는 거 없어?"

"저는 사장님이 원하시는 걸 잘 알고 있고, 이미 그 요구 사항 이상으로 활동하고 있습니다."

그 건물주는 내 대답을 듣고는 정말 흡족해했다. 대출의 심리적 부담을 앉고 있는 고객의 스트레스를 해소해주는 방법은 바로, 고객이 원하는 니즈(Needs)의 강도가 100이라면 에이전트는 150, 200으로 레벨을 높여 대응하는 것이다.

★ ★ ★

무작정 시작하지 않기

1. 맥시멈으로 계획을 수립하는 것이 시작의 첫걸음이다

무모한 계획을 세우라는 것이 아니다. "부동산 세일즈는 처음이니 처음은 작은 목표를 잡고, 2년 차, 3년 차가 되면서 목표를 높여나가자!"라고 하면 안 된다는 것이다. 목표를 작게 잡으면 얼토당토않은, 먹고살 수 없는 수익을 올리게 되기 때문이다.

맥시멈 계획은 '매출 목표도 맥시멈'이라는 의미이다. 단순히, "나는 1년에 2억을 벌 거야!", "나는 나이가 29살이니까 첫해에는 4천만 원만 벌어도 만족해."라고 한다면 잘못된 목표를 설정하는 것이다. 목표가 잘못되면 계획도 올바르게 수립할 수가 없다. 일하면서 내가 세운 계획이 달성될 순간, 고객과의 만남이나 진행 과정을 머릿속에서 계속 그려봐야 한다. 미리 짐작하고, 변수를 도출해서 해결 방법도 생각해 보는 과정은 실제 상황에서 엄청난 힘을 발휘하게 된다.

나는 내가 꿈인지 고민인지 모를 상황에서 생각해 낸 방법으로 계약을 성사하는 경험을 여러 번 했다. 상상을 현실화하기 위한 팁은 이미 진행하는 일이 이루어졌다고 믿을 만큼 상상과 현실의 벽을 없애는 것이다. 나는 '계약이 임박한 고객'이 생기면 계약 마무리가 되지도 않는데 동료에게 이렇게 말하고는 했다.

"다음 주 월요일에 ○○ 건물 계약하기로 했는데, 수수료 받으면 ○○을 하겠다."

이런 공수표를 띄운 이야기의 절반 이상은 헛소리가 되기도 했다. 하지만 중요한 포인트는 그 헛소리를 지키려고 나는 주말에도 계약을 마무리할 방법을 고민했다는 것이다. 때로는 수천만 원, 수억 원의 수수료가 눈앞에 왔다 갔다 할 때는 수천만 원 가격의 자동차를 사겠다는 생각으로 신차를 보러 자동차 매장에 가고는 했다. 진짜 차를 살 것처럼, 다음 주에 차를 계약할 것처럼 구경하는 것이다. 그리고 구매 상담이나 견적도 받아본다. 사람의 심리가 얼마나 무서운지 그런 욕망은 뇌를 속인다. 더 정확히 표현하자면 내가 필요한 돈을 내가 벌도록, 사용되지 않던 내 뇌의 숨은 기능이 풀가동되는 것이다.

2. 직장인 평균 소득의 최소 1.5~2배로 수익 목표를 잡아라

부동산 회사마다 각기 다른 매출 배분율이 있으니 감안해서 실제 수익 목표를 설정한다. 예를 들면 1억 매출 중 배분율이 60%인 에이전트는 6천만 원이 실제 수익이 될 것이다.

참고로 부동산 회사의 급여 체계는 매우 다양하고 개인 편차가 큰 만큼 회사와 에이전트가 매출을 배분하는 배분율도 천차만별이다. 본인이 경력자이고 실적과 능력이 있다면 합류를 고려하는 회사와 배분율에 관해서 충분하게 협의하고 합류해야 할 것이다. 보통은 위촉계약서를 작성하는데, 위촉계약서 내에 배분율이 포함된다.

부동산 세일즈도 상업용, 주거용, 산업용 등 다양하게 나뉘는데, 자신이 선택한 영역에서 계약한 건의 평균 매출(1건당 예상 중개 수수료, 컨설팅 수수료)을 계산해 본다. 나는 이것을 개인 매출의 단가라고 표현한다.

강남구 지역에서 사무실 임대차 업무 위주로 활동하는 부동산 에이전트 중 중소형 건물 임대차 위주로 세일즈하는 사람이라고 가정하고 매출 목표를 1년에 1억 2천만 원으로 한다면 매월 1천만 원의 매출을 올려야 한다. 3.3제곱미터(1평)당 임대가가 10만 원인 빌딩에서 임대 면적이 100평인 사무실을 매달 계약한다면 목표를 맞출 수 있을 것이다. 이 경우 그 사람의 단가를 1천만 원으로 잡을 수 있다. 일하다 보면 더 작은 면적의 계약이 여러 건 발생해 목표를 맞출 수도 있고 때로는 더 큰 계약을 해서 초과 달성도 가능할 것이다.

3. 목표 달성을 위한 액션 플랜을 만들어라

계약 성사율 100%라는 확률은 존재하지 않는다. 자신의 성사율을 높이는 노력과 동시에 신규 고객 발굴 활동 건수를 유지하는 노력을 지속한다면 이론상으로는 매출의 한계가 없을 것이다. 부동산 세일즈를 오래 한 사람들이 공통으로 알게 되는 진리가 있다.

첫째, 부동산 세일즈는 엉덩이가 가벼운 사람이 승리한다. 사무실 안에는 부동산 매물과 고객이 없다. 즉, 현장으로 나가야 그곳에서 문제와 답을 찾을 수 있다는 의미다.

둘째, 부동산업은 의외로 정직한 직업이다. 만난 사람의 숫자에 비례해 A급 고객을 만들어 내는 통계와의 싸움이다.

셋째, 부동산 세일즈를 처음 시작하는 사람이라면, 무조건 만나는 모든 사람에게 자신이 부동산 세일즈를 시작했다는 것을 알려야 한다.

결국 꾸준하게 자신의 직업을 알리고, 가망 고객(잠재고객)을 만들어 나가는 과정이 누적되어야만 누적된 고객의 1~2%가 계약으로 이뤄진다. 매월 1건 이상의 계약을 하려는 부동산 세일즈맨이라면 매월 진행 중인 A급 고객이 10배수 이상이 있어야 한다는 말이다.

그럼, 계산해 보자. 매월 단가(중개 또는 컨설팅 수수료) 1천만 원짜리 계약을 1건 이상을 해야 한다면 A급 고객 10명이 필요하다. 매월 20일 세일즈한다면, 당신에게는 매월 신규 고객 발굴 활동이 200건 필요하다. 200명을 만나서 부동산 이슈가 있는지 확인하는 세일즈 활동을 해야 한다는 말이다. 매일 10명을 만나서 가망 고객을 확보해야 한다.

하루 8시간만 일할 것인가? 신입이라면, 15시간은 일하라고 권하고 싶다. 15시간 동안 10명을 안 만날 것인가? 항상 자신에게 되물어야 한다.

부동산 세일즈를 시작해서 매일 10명을 만나는 루틴(습관)을 만들어 내고 만들어진 루틴을 '얼마나 지속하느냐'가 결국은 매출을 보장하는 답이 될 것이다. 사람은 무조건 게을러진다. 처음 일을 시작하는 초심자의 6개월은 어차피 게을러질 사람의 초심자 운을 매출의 정상 궤도에 올려놓는 중요한 투자 시기다. 이 점을 강조하고 싶다. 당신은 부동산 세일즈를 하기 위해 카페 창업자, 편의점 창업자보다 더 많은 돈을 투자하지는 않았다. 하물며 투자하지 않고도 카페, 편의점 창업자 수준의 수익이라면 만족하지 못할 것이다. 그러니 세상에는 공짜가 없다.

당신이 투자할 것은 오로지 '당신의 열정과 시간'이다. 하루에 10명 이상을 만나는 게 쉬운 건 아니지만 어려운 일도 아니다. 아침에 출근해서 만나는 모든 사람에게 '부동산 이슈'를 묻는다고 생각하자. 파밍(Farming: 영업지역에서 부동산 영업을 하는 행위)을 나가서 말그대로 나만의 농장을 가꿔 나가는 과정이다.

당신의 부동산 세일즈 지역이 역삼역 일대라고 생각해 보자. 아침에 사무실로 출근해서 A급(당장 계약을 앞둔 고객, 계약으로 추진 중인 고객) 고객에 대한 진행을 팀장이나 팀원과 의논하는 영업 회의를 마치고는 나만의 농장인 파밍 지역으로 나간다.

영업지역 내 공실 건물의 건물주, 관리인을 만나 건물의 임대 조건을 묻고 회사 소개서와 에이전트 프로필을 건넨다. 당연히 전속 빌딩화를 하기 위한 수순인데, 건물의 규모와 투입 인건비 등을 고려해서 일반 중개로 매물만 접수해 데이터베이스화할 것인지를 판단한다. 기축(기존) 건물이라도 규모가 큰 공실의 경우는 전속 임대 대행을 제안하고 파밍 지역 내 신축 빌딩이나 멸실(철거)을 앞둔 건물이나 명도 중인 건물(임차인을 내보기 시작한 노후건물)은 집요하고 매우 열정적으로 건물주를 찾고 만나서 임대대행 제안을 실시한다. 이런 일련의 과정을 통해 하루를 보내는 와중에 만나는 사람을 10명으로 유지하라는 의미다. 그러면서 식사도 영업과 관련한 사람과 같이하고 밥을 먹는 식당에서조차 식당 사장님과 명함을 주고받아야 한다.

맛집에서 밥 먹고 계산하고 그냥 나오면, 미식가에 그친다. Magic Question(마법의 질문)을 꼭 날려야 한다.

"사장님, 밥 정말 맛있게 먹었어요. 혹시, 식당 건물이 사장님 건물인가요?"

대답이 어찌 됐든 간에, 명함을 건넨다(되도록 식당 사장님 명함을 받아 둔다).

나는 개인적으로 이런 명함도 따로 모아 둔다. 언젠가 사용하게 된다. 영업지역(파밍 지역)에서 신축 건물을 임대대행으로 수주했을 때, 1층이나 지하에 식당으로 쓸 자리가 있다고 생각해 보라. 언제 1층에 입점할 대상을 따로 찾겠는가? 이런 경우, 나는 내가 수주한 건물의 건물주에게 말한다.

"사장님, 제가 이 동네 식당 사장님 연락처 다 있으니 바로 확인해서 유치해 보겠습니다."

무엇을 하든 미래의 잠재성을 염두에 두고 그 잠재성을 확대해 가는 과정이 부동산 세일즈의 핵심이다. 전속 임대대행을 수주한 건물 내 식당이나 카페 등 상가를 입점하기 위한 활동이 필요할 때 평소 모아둔 명함의 힘이 발휘되는데, 이 경우는 해당 가게를 운영하는 사장에게 전화하는 전화 멘트가 달라진다. 멘트에 힘이 실린다. 그 이유는 모은 명함은 최소한 한 번 이상 만난 사람이기 때문이다. 세일즈를 직업으로 하는 사람들이 가장 힘들어하는 부분이 모르는 사람을 계속 만나야 한다는 것이다. 거절의 파도를 만났을 때, 파도타기를 하는 능숙함이나 강력한 멘털의 소유까지는 아니더라도 수장되면 안 된다.

영업 활동 중에서 우리가 만나는 사람들은 서로 처음 만나는 사이인 경우가 많다. 어차피 상대방도 우리를 모른다. 우리에게 문전박대하는 상대방의 반응이 다소 내 마음에 상처를 준다고 해서 우리의 자존감이 무너지면 안 된다. 단지 '이사하지 않겠다'는, '부동산 거래에 관심이 없다'는 강한 표현이라고 생각하고 넘길 수 있어야 한다. 사람에게 모욕을 주는 행위가 아니라 상황에 대한 짜증이라는 것을 되새겨야 한다.

나는 명함을 받은 식당에 전화하는 경우 이렇게 한다.

"안녕하세요? ○○ 식당이죠? 사장님 계실까요?"

(사장과 통화하게 되면) "안녕하세요? 얼마 전 식사하고 명함 드린 군자부동산의 노연우(가명) 과장입니다. 기억하세요?"

보통은 기억은 못 하지만, 그 식당에서 밥을 먹은 고객이라고 밝혔기 때문에 경청하는 자세가 된다. 그다음 이야기를 이어간다.

"제가 전화 드린 이유는 다름이 아니라 좋은 소식(이런 낯 뜨거운 표현은 실제 큰 관심을 일으킨다.)이 있습니다. 제가 명함 드리면서 부동산이라고 말씀드렸는데요. 사장님 식당 인근에 제가 관리(전속 임대대행 등)하는 신축 빌딩(기축이라도 무관)이 있는데, 이전이나 확장 계획이 있으세요?"

식당 사장님의 반응이 긍정이든 부정이든, 식당을 지날 때 자료를 하나 남기겠다고 이야기한다.

실제, 우리는 파밍 지역을 매일 나가서 고객과 물건을 찾고 있으므로 일부러 찾아가서 자료를 건넨다(만나서 자료를 받은 상황에서 어떻게 하느냐에 따라서 고객의 이사나 확장에 대한 이슈는 변하기도 한다). 거절을 당할 확률이 낮은 이런 전화는 평소 모아둔 도토리(비상식량)와 같은 명함 때문에 가능한 것이다.

4. 1, 2월 달은 매출 목표를 적게 세워라

연초부터 숨 막히는 매출 목표를 세우면 실망감을 느낄 수 있다. 세일즈맨의 '기'도 매우 중요하다. 적지만 무조건 달성할 수 있는 매출 목표와 3월 이후 본격적인 매출 달성을 위한 세일즈 활동인 가망 고객 만남 숫자를 늘리는 것에 비중을 둔다. 매출 목표를 세우는 것에도 기승전결이 필요한데, 경력자이면서 매출을 상향 유지하고 있는 에이전트라면 연초에 더욱 강한 모멘텀의 숨 막히는 목표와 영업 활동을 세워야 한다. 금전적 목표는 월별, 분기별, 연간 계획으로 세분화해 정리하며 1/4분기 정도는 주 단위로 촘촘히 세우는 것이 좋다. 영업 경력이 있는 세일즈맨이라면 지난해부터 넘어온 진행 건이나 기존 고객의 진행 중 새해 계획에 반영할 것을 반영해 더욱 자세하게 가능성이 높은 계획을 세울 수 있을 것이다. 새로 일을 시작하는, 기존 세일즈 활동이 없는 초심자라면 액션 플랜을 촘촘히 세우고 지키기 위해 주간 단위 점검을 한다면 더욱 효과적일 것이다.

부동산 경력자의 경우는 더욱 높은 매출 증가와 효율적인 시간 활용을 위해서 1~2주 정도를 매일 일어나서 잠들기 전까지 시간을 어떻게 보냈는지 시간 단위로 기록해 보기를 권한다. 2주 정도의 시간별 활용 결과를 분석해 보면 버려진 시간, 영업으로 전용할 수 있는 시간이 확보될 것이다. 낭비되는 시간을 잡아내서 생산성 활동을 위한 시간으로 바꾸면 놀라운 자기 혁신을 가져다줄 것이다. 사람의 능력으로 시간을 만들 수는 없고 누구나 똑같은 24시간이라는 하루를 살지만 실제로 속을 들여다보면, 누구는 24시간을 값지게 사용하고 누군가는 어제처럼 그럭저럭 보내고 있기 때문이다.

낭비되고 있는 하루 1~2시간을 생산적으로 활용하고, 근태를 조절해 일찍 출근해서 영업 준비 시간으로 만들고, 약간 늦게 퇴근하면서 내일 만날 고객에게 줄 자료나 제안서 등을 만드는 데 활용한다면 놀라운 변화를 맞이하게 될 것이다. 온전히 9시부터 6시까지는 고객을 만나는 데만 활용하니 고객 접촉 양에 따른 고객 발굴 건수가 많아질 것이며, 시간상으로는 동료나 경쟁자보다 더 많이 일하는 셈이고, 주 5일 근무라도 주 7일을 근무하는 효과를 만들어 주기 때문이다. 단 일주일만 이렇게 해도 자신의 변화에 스스로 놀라게 될 텐데, 한 달, 일 년이면 얼마나 다른 결과가 만들어질지 계산해 보지 않아도 알 것이다.

5. 금전적 목표만 세우지 않는다

'돈'만 잘 번다고 성공한 부동산 세일즈맨이라고 할 수 없다. 항상 내가 버는 수익에 수반하는 '자기 성장', '부동산 전문가로의 발전'이라는 측면을 잊어서는 안 된다. 전문 교육, 독서, 일의 크기를 확장할 수 있는 다음 단계에 대해 고민을 해야 한다. 부동산업을 하다 보면 전문가로서의 자기 성장, 윤리적 영업 마인드, 고객과의 상생 마인드, 동종 업계의 발전을 위한 선한 영향력에 관한 고민을 하지 않고 일하는 사람을 많이 접하게 된다. 이제는 사고를 바꿔야 한다. 수익 창출을 극대화한다는 목표에는 자기 성장, 윤리성, 고객과의 상생, 업의 발전이라는 것을 동반해야 한다는 것이다.

부동산업이 더 나아지고 선진적으로 변화하는 데 자신의 활동이 영향을 미친다고 생각하고 일해야 한다. 그러기 위해 가장 먼저 해야 하는 것은 '공부'다. 어제의 나보다 더 나아지려는 노력, 어제의 내 부동산 서비스보다 더 훌륭한 부동산 서비스를 고객에게 제공하기 위한 공부는 결국 나를 훌륭한 부동산 전문가로 만들어줄 것이기 때문이다. '부동산 전문가'라는 단어에 맞게 살아가야 한다는 말이다. 따라서 '돈을 버는 정량적 목표'는 '정성적인 자기 성장 목표'와 함께 세워야 한다.

예를 들어 영업 활동 중 틈틈이 읽을 독서량에 대한 목표를 세우거나, 부동산 전문 교육을 받거나, 학교(부동산 대학원, MBA, 자산관리 교육, 건축, 상권 분석 등)나 학원에 다니는 것도 일 년간의 활동 계획에 포함해야 한다. 이왕이면 혼자서 배우는 것보다는 기관의 오프라인 강좌를 듣기를 권하고 싶다.

부동산 에이전트는 사람을 많이 만나는 것이 일의 성패를 좌우하는 직업인데, 이왕이면 정해진 시간에 많은 사람을 만날 기회를 만들어야 한다. 참고로 부동산 고객이 모여 있는 교육을 선택해 듣는 것도 하나의 방법이 될 수 있다.

6. 시간을 만들어서 쓴다

한정된 시간을 만들어 쓰는 마법과도 같은 이야기를 해보려고 한다. 이 마법을 사용하는 마법사는 바로 우리 자신이다. 숨이 막힐 정도로 시간을 잘게 나눠서 쓰면 좋겠지만, 사람은 기계가 아니다.

시간 활용의 핵심은 '내 상품을 구매할 대상을 얼마나 많이 만나느냐' 하는 고민에서 시작해야 한다. 9시에 출근해서 6시에 퇴근하는 사람이 만날 수 있는 가망 고객의 숫자는 7시에 출근해서 7시에 퇴근하는 사람보다 많을 수 없다. 당신이 영업 사원, 세일즈맨이라고 자처한다면 나는 7시에 출근하라고 권하고 싶다.

부동산 세일즈를 기반으로 하는 회사의 인센티브제 에이전트의 일상은 천차만별이다. 눈물겨운 강도의 빡센 영업을 하는 에이전트도 있지만, 정말 해도 해도 너무한 에이전트도 많다. 내가 즐겨서 자주 보는 부동산 중개를 소재로 한 일본 드라마인 〈집을 파는 여자의 역습〉 1화를 보면 아주 사실적으로 표현되어 있다. 이 드라마를 본 사람이라면 내가 지금 이야기하는 의미를 알지도 모르겠다.

"시라스 미카, GO!"

이 드라마 속의 주인공인 '산겐야 마치'가 매일 농땡이를 부리는 직원에게 밖에 나가서 고객을 찾아오라고 내보내면서 이렇게 소리를 지른다. 이 우스꽝스러운 장면 속에는 엄청난 부동산 세일즈의 성공법이 들어 있다. 어떻게 보면 이 장면 하나가 부동산업에서의 성공을 표현하는 가장 강력한 장면이다.

고객을 아침 7시부터 접촉하거나 저녁 7~8시 이후에 연락하는 것은 어떻게 생각하면 예의가 없는 행동일지도 모르겠다. 그렇다면, 7시에 출근해서 9시까지 2시간, 남들이 퇴근을 서두르는 저녁

6시 이후, 경쟁자가 출근을 덜 하는 주말, 공휴일 등 이런 시간을 어떻게 활용할지 생각해 봐야 한다.

일찍 출근해서 그날 만날 고객을 효과적으로 상담하기 위한 리서치(자료 조사나 수집), 자료 분석, 제안서, 계약서, 답사할 물건 자료 정리, 어제 마치지 못한 일 처리 등 할 일이 많다. 남들이 사무실에 출근하기 전, 방해받지 않는 온전한 나만의 시간에 할 수 있는 업무량은 9시 이후, 동료나 경쟁자가 섞여 있는 사무실 안에서 3~5시간을 소비하면서 해야 하는 업무량과 거의 같다. 집중도의 차원이 다르다.

'무조건 열심히 해라', '뼈를 갈아라' 하는 것은 요즘 세상에 통하지 않는다. 그러나 평일에 일찍 출근하고, 최대한 늦게 퇴근하는 것이 영업을 처음 시작하는 초심자에게는 성공을 위한 발판이 될 것이다. 영업 초기 3~6개월은 인생에서 한 번쯤 도전해볼 만한 가치가 있다고 생각한다. 180일이면 충분하다.

7. 광고에 의존하지 않는다

부동산 중개업을 운영하는 기존의 공인중개사가 고객을 찾기 위해서 활용하는 가장 큰 채널이 '광고'다. 광고는 마케팅에서 매우 중요한 요소다. 부동산업에서 일할 때 빼고 생각할 수 없는 하나의 수단이 바로 광고다. 하지만 이것이 무조건적인 고객 발굴의 창구가 돼서는 안 된다. 모 부동산 기업이 엄청난 투자를 받아서 공중파를 포함해 수많은 광고를 했지만, 그 회사는 절반의 성공만을 거뒀다. 부동산업에서 '거래'를 기반으로 하는 중개업이나 컨설팅업에서 일을 제대로 배우고 마케팅을 한 사람이라면 그런 융단 폭격 같은 광고로는 본연의 목적을 달성할 수 없다는 것을 알아차렸을 것이다.

'부동산'이라는 단어 그대로, 부동산은 '부동' 산업이다. 땅에 박힌 부착물(건물)과 그 땅에 대한 이야기다. '땅'을 찾아가는 행위가 영업 활동의 핵심이 되어야 한다. 고객이 활동하는 시간을 생각한다면 우리는 9시부터 6시 사이에 대부분 잠재고객을 늘리거나 A급 고객이 계약하도록 노력하는 시간으로만 사용해야 한다. 그래서 오전에 영업 회의나 사내 미팅을 짧게 끝내고 밖으로 나가야 한다는 뜻이다. 영업에 필요한 리서치, 자료 제작, 제안서 만들기 등 중요하지만 시간을 많이 필요로 하는 문서작업은 앞서 이야기했지만 9시 전, 6시 이후, 주말을 활용하라고 권한다.

8. 독서는 부동산 에이전트에게도 필수다

공부하라는 것은 부동산 세일즈를 하는 사람에게만 해당하는 덕목은 아닐 것이다. 일부러 시간을 내서 독서를 취미처럼 할 수도 있지만, 지식을 터득하는 하나의 방법인 독서는 이제 일상생활 속, 영업 속에서 자연스럽게 이뤄져야 한다.

에이전트는 고객을 대하고, 부동산 물건을 효과적으로 다루고 거래를 성사하기 위해서 부동산 전문 서적을 읽고 공부해야 할 뿐만 아니라, 상당한 수준의 아이디어와 창의력도 필요하다. 일반 사람이 생각하는 수준보다 부동산 세일즈를 하는 에이전트의 일은 크리에이티브 한 일이다. 그리고 한 가지 알아둬야 할 것은 대부분의 건물주는 매우 개성이 강하고 보통의 부동산 전문가를 넘어서는 아이디어와 열정을 갖고 있다는 점이다. 타인의 자산을 다루는 에이전트라는 직업은 그런 까다롭고 자신의 건물에서만큼은 누구도 이길 수 없는 전문성을 지닌 갑을 상대하는 일이다. 제대로 리드해 나가기 위해서 강도 높은 공부는 필수다. 그중 가장 효과적인 공부가 독서라고 말하고 싶다.

★　★　★
전속수주가 성공의 핵심

1. 나만의 전속 고객을 찾기 위한 활동을 시작한다

25년 전 내가 부동산을 처음 시작할 때부터 고객에게 '전속계약'을 요청하면 늘 듣던 말은 같았다. "왜, 한 곳의 부동산 회사에만 일을 맡겨야 하냐?"는 것이다. 공인중개사조차도 전속중개라는 단어는 잘 알지만 "한국 실정에 맞지 않는다.", "고객이 전속을 주지 않는다." 등 여러 가지 이유로 전속 제안 자체를 하지 않는 경우가 많다.

기억하자. 때로는 고객에게 '전속계약'을 받아내고 일을 시작하는 과정 자체가 어려워서 그냥 '일반 중개', '일반 의뢰'로 본인의 일을 접수하여서 진행하는 것은 결국 어려운 마무리를 초래한다. 스스로 업의 존재 가치를 낮추는 세일즈 활동을 해서는 안 된다. 전속 계약이 단순히 수수료 확보권이라고 잘못 생각하는 사람도 있는데 그것은 정말로 오해다.

전속계약은 '책임중개', '책임 컨설팅'이라는 단어가 세트로 따른 다는 사실을 잊어서는 안 된다. 상당히 많은 부동산 에이전트가 전 속계약서에 사인(날인)받은 이후에는 고객 관리를 잘하지 못하는 경 우를 자주 본다. 전속계약 기간에 전속계약서상에 적은 목적을 달 성하면 정해진 수수료(컨설팅 비용, 용역비 명목)를 받는 것이지만, 그것 은 더욱 적극적으로 마케팅을 하라는 의미이고, 폭발적인 외부 노 출과 영업 도중에 경쟁사나 건물주의 변심 등 변수 속에서 에이전 트를 보호하기 위한 안전장치이지 자동 수수료 확보 권리는 아니다 (착각은 항상 전속계약 파기나 수수료 강제 할인으로 인한 분쟁으로 이어진다).

● 왜, 전속을 강조하는 것인가?

전속수주(전속중개)는 고객에게 '전속권을 주어야 하는 이유', '전 속계약서 서류 속에 적힌 건물주와 부동산 에이전트 간의 책임과 권한' 등을 일일이 설명하는 데 어려움이 많다. 전속을 받는 과정이 쉬운 것은 아니라는 이야기다. 그러나 과거에 해오던 방식으로 쉽 게 일반 중개 형태로 고객이나 물건을 접수해서 일하다 보면, 열심 히 일하고 있다고 해도 다른 에이전트, 타사, 경쟁사 등에 내가 하 는 일을 빼앗길 수 있다. 전속중개를 하지 않기 때문에 생길 수 있 는 짜증과 분노는 대부분 부동산 중개를 하는 에이전트 간에도 발생하지만, 상당한 부분에서 나에게 일을 맡긴 고객도 일을 시키고 대가를 지불하지 않거나 수수료를 고객 마음대로 할인해서 지급하는 경우도 많다.

단연코 처음부터 일을 접수할 때 전속계약을 체결하고 의뢰받은 경우가 아니면 거래는 하지 않겠다는 원칙을 세우는 것이 좋다. 당장 전속이 아닌 고객의 의뢰는 하지 않겠다고 생각하는 것이 쉬운 결정은 아닐 수 있고 일반 중개로 접수해서 진행하기도 하지만, 고객을 두 번, 세 번 만나는 과정에서 결국은 전속계약을 체결해야 한다.

● 전속 받는 방법은 따로 있다?

"처음 부동산 세일즈를 시작했는데, 전속계약을 어떻게 받을 수 있을까요?"

전속을 받아 나가는 과정을 이야기하자면, 먼저 '왜?'라는 고객의 질문에 효과적으로 대답할 수 있도록 연습해 둬야 한다. 한 명의 에이전트를 선택해서 자신의 부동산 자산이나 거래를 일임한다는 것은 고객에게도 쉬운 결정이 아니다. 그만큼 전속부동산(부동산 대리인, 자산관리자, 에이전트, 컨설턴트)이 고객에게 어떤 이익을 주는지 쉽고 확실하게 이해시킬 수 있어야 한다. 그렇게 하기 위한 1순위는 '에이전트가 지역 전문가로서 능력과 정보를 갖추는 것'이다. 간혹 미팅에서 자신이 고객보다 더 모른다고 생각하는 경우가 생기거나, 더욱 공부해야겠다는 반성을 하게 만드는 고객을 만날 때가 있다. 부동산 에이전트가 하는 일은 타인의 전 재산이나 다름없는 부동산을 사고파는 일인데 잘못된 컨설팅이나 중개거래는 큰 손해를 일으킬 수도 있기 때문에 전문가로서 능력과 정보를 갖추는 것은 당연한 일이다. 의사 면허가 없는 사람에게 외과 수술을 받는다고 생각하면 참으로 끔찍하지 않은가?

지역 전문가가 되기 위해서 어떤 것부터 준비해야 하는지 이야기해 보겠다. 부동산 세일즈를 처음 시작한 사람이라면 제일 먼저 해야 할 일은 '지리 익히기'다. 대부분의 부동산 기업은 신입 직원 교육 시스템을 갖추고 있지 않다. PM(Property Manager: 자산관리자), LM(Leasing Management: 임대대행), TR(Tenant Representative: 임차대행), 매매, 컨설팅 분야도 제각각인 부동산 기업이 존재하는데, 부동산 세일즈를 전반적으로 가르치는 회사가 드문 이유는 이 시장 자체가 타인의 재산을 다루는 직업군이고, 어느 회사나 입사(급여를 받는 직장인 형태) 또는 합류(인센티브제 에이전트) 즉시, 바로 업무 공백 없이 일하고 실적이 나올 수 있는 경력자 채용을 더욱 선호하는 탓도 있을 것이다.

부동산 중개업 프랜차이즈를 주업으로 하는 회사의 경우에는 자체 교육 매뉴얼을 갖고 있기도 하다. 제대로 가르칠 수 있는 세일즈 코치가 있는 회사라면 어느 회사나 매핑(Mapping: 지도 작업, 지리 익히기), 스태킹(Stacking: 건물 내 수직 MD, 층별로 사용 중인 입주사 조사, 임차인 조사)을 가장 먼저 신입 에이전트에게 조사하고 데이터를 만들게 한다. 스태킹 플랜 작성은 사무실 임대차 업무의 기초 중 기초다. 오피스 빌딩이 많은 서울 강남의 '테헤란로'를 예로 들어 매핑과 스태킹을 설명해 보겠다.

나는 신입 세일즈맨을 코칭할 때 무조건 첫날은 '산책'을 하게 한다. 가벼운 산책처럼 에이전트 자신이 주로 부동산 세일즈를 할 곳의 지형지물을 익히라는 의미인데, 종국에는 구구단을 외우듯이 다 외울 수 있어야 한다. 주로 영업할 지역을 온종일 걸어 다니다 오라고 한다. 물론 그냥 만보계 찍듯이 걷고 오면 안 된다. 거리와 그 거리에 있는 빌딩의 특징을 파악해야 한다. 부동산 세일즈는 농사(Farming)를 하는 것과 같다. 농장(파밍 지역, 영업지역)이 있고 내가 세일즈를 시작한 빌딩숲 농장에서 씨를 뿌리고(잠재고객을 찾아 사무실 밖으로 나서는 과정) 물과 양분(지속적 고객 관리)을 주고 잡초를 뽑고(난관 극복) 수확기(클로우징, 계약 진행)가 되면 더욱 세심하게 관리해 나가는 그런 과정 자체가 세일즈에도 똑같이 적용된다. 세일즈의 첫걸음이 산책인 것이다.

대로변 빌딩, 대로와 소로가 만나는 지점의 1층 가게, 골목골목에 신축 중인 빌딩은 용도가 무엇인지, 대로변 은행 빌딩의 외관 디자인은 어떤지, 내가 주로 영업하려는 지역 내 스타벅스가 몇 개인지 등 주요 포인트를 파악해 나가는 과정이 첫걸음이다. 모르는 길을 찾을 때 내비게이션을 사용하듯이 '나만의 영업 지도'를 만들어서 들고 다녀야 한다.

매핑은 나만의 영업 지도를 만드는 과정으로, 하나의 의식을 치르듯 해보라고 권하고 싶다. 요즘은 종이 지도를 구하기 힘들지만, 로드 뷰를 잘 출력해 편집해서 만드는 것도 추천하고 싶다. 종이를 오려서 붙이는 과정에서 지도상 주요 위치의 건물과 대형 건물의 옆 건물 등 특징을 외우게 되기 때문이다. 부동산 일을 하기 위해 입사한 요즘 MZ 세대들은 다양한 IT 기술을 활용해서 기초 파밍을 얼마나 빠르고 편리하게 하는지 모른다. 이제는 시대가 변해서 기성세대가 이해하지 못하는 방법으로 큰 부를 이룬 젊은 세대도 많기 때문에, 고객에게도 눈높이를 맞추고 영업인으로서 더욱 효과적으로 일하기 위해 새로운 것을 받아들이는 것에 소홀히 하면 안 된다.

지도와 연동된 빌딩 리스트, 빌딩 내 입주사 조사표를 혼합해 스태킹 플랜(층별 임차인 리스트)을 완성한다. 나만의 영업 지도(Mapping)에는 에이전트가 주로 활동할 영업 타깃 지역이 포함되어야 한다. 영업 지도는 영업을 해나가면서 지역을 확대해 갈 수 있다. 사무실 임대차나 빌딩 관련 업무로 업무 영역을 정한 사람이라면 도로를 따라 라인 형태로 지도를 구성할 수 있으며 선릉역 반경 50미터, 역삼역 반경 100미터 등 정사각형이나 직사각형 형태로 구성한다.

내 경우에는 1996년 처음 사무실 임대차 업무를 테헤란로에서 시작하면서 강남역부터 삼성역까지 대로변을 5개로 나눠 만든 지도로 나만의 영업 지도를 만들고 대로변 위주로 파밍을 시작했다. 아직도 삼성역에서 강남역까지 대로변 건물의 이름, 특징, 1층 임차인 등을 거의 다 외우고 있다. 처음 일을 시작할 때는 잠들기 전 항상 구구단을 외우듯이 테헤란로 대로변 건물을 외웠다.

지도를 만들고 지도를 머릿속으로 그릴 수 있다면 지도 내 대로변 빌딩, 이면 빌딩, 신축 빌딩 등을 지도에 표시해 나간다. 각 지도에 지도 명을 부여하고 지도 내 잠재고객이 될 건물마다 코드를 부여하면 향후 데이터베이스로 관리하기가 매우 편해진다.

나의 경우를 예로 들면 테헤란로를 5개로 나눠서 T1~T5까지 다섯 개의 지도를 만들고 지도마다 대로변 빌딩과 이면 빌딩, 신축 빌딩의 코드(번호)를 정해서 T1-001빌딩 이런 식으로 엑셀 파일로 정리했다. 각 지도마다 100개 정도의 건물 리스트를 만들었으니, 테헤란로 대로변만 500개 정도의 건물 리스트가 만들어졌다. 테헤란로 대로변 빌딩을 중심으로 500개의 개별 빌딩 리스트를 만들었는데, 빌딩 리스트는 건물의 개요(토지 면적, 연면적, 층수, 주차방식, 주차대수 등 특징)와 '층별 임차인 리스트'로 구성했다. 특히, 층별 임차인 리스트는 주기적으로 조사하고 내 영업 일정에 따라 순차적으로 방문해서 나를 알리면서 장기적으로 렌트롤(건물주 또는 건물의 자산관리자가 건물의 층별 임차인의 계약 조건과 만료 일자 등을 정리해 수시로 관리하는 입주자 또는 입주회사 현황이라고 이해하면 편하다.)의 수준에 이르도록 관리한다.

렌트롤 수준으로 자신의 영업지역 내 건물 입주사를 관리하다 보면, 이전 이슈를 가장 빠르게 파악해 중개나 컨설팅 제안을 할 수 있다. 테헤란로 대로변 중심의 500개 건물은 평균적으로 연면적이

5천 평 이상이고, 한 건물당 적게는 10개, 많게는 100개의 회사도 입주해 있기 때문에 테헤란로 대로변 빌딩 내 임차인 리스트를 만들어 관리하는 것만으로도 수천 개 회사를 잠재고객으로 관리한다는 의미다. 연면적이 1만 평 정도인 빌딩의 임차인이 이사 시 발생하는 컨설팅 수수료(임차대행 수수료 또는 임대대행 수수료)는 거의 한 달치 임대료에 육박하기 때문에 자신이 영업하면서 정기적으로 잠재고객을 관리한 노력은 계약 시 큰 성과로 보상받게 된다.

마지막으로 파밍 지역 내 임차인 리스트를 만들고 관리하는 방법을 소개하겠다. 대기업 기반 부동산 회사나 수주 실적이 많은 자산관리 회사(PMC, Property Management Company)는 규모의 차이는 있지만 지역 담당, 자산관리 회사별 담당 등 사별로 관리하는 부동산 자산을 효율적으로 관리하기 위해 담당 팀으로 구분해서 관리하거나 담당자를 지정한다. 보통 제대로 영업관리, 실적관리를 하는 회사나 개별 팀장들은 항상 자신들이 관리하는 자산의 주변 경쟁 부동산까지도 현황을 체크한다. 이때, 경쟁 건물 내 주요 임차인 리스트를 만들고 내 건물로 이사하게 할 수 있는 잠재고객으로 관리하는 것이 중요하다. 내 건물의 렌트롤(임차인의 계약 조건이 모두 정리된 파일)을 수시로 체크하다 보면 렌트롤 일정표상 건물 측이 이사시켜야 할 임차인도 있고, 반대로 절대로 나가면 안 된다고 생각하는 우량 임차인(앵커테넌트 포함)도 있기 때문에 대체 임차인 확보는 상당히 중요한 이슈다. 이런 정보 습득이 미흡하면 공실 발생 시 자산관리자로서 역할을 소홀히 한 것으로 치부하며 심하면 자산관리 회사의 지위를 잃을 수도 있다. 'PM 계약 해지 통보'와 같은 내용증명을 받게 되는 것이다. 중개를 업으로 하는 부동산 에이전트는 특정 지역을 정해서 활동하면서 파밍 지역에서 신축 빌딩의 전속수주, 공실 빌딩 조사와 임차인 유치에 대한 전속 제안 등 물건을 확보하려는 활동과 병행해 수요자인 임차인을 찾는 과정도 진행해야 한다. 특정 건물의 공실을 조사하러 외근을 나간다면 동시에 해당 건물의 주요 임차인, 층별 임차인에 대한 조사도 함께하라는 의미다.

● 파밍의 효과를 극대화하는 방법

출근하면 파밍 지역을 기계적으로 9시 이후 순회한다. 자신의 파밍 지역 내에 건물이 몇 개인지 체크한다. 규모별, 용도별로 구분하면 좋지만, 세분화하는 자료를 처음부터 정교하게 만들지 마라. 엑셀 파일에 간단히 정리하고 별도의 매물 관리 프로그램이 있다면 내부망에 등록한다. 이때 파밍 지역 내 건물에 입주해서 이미 사용 중인 '동네 임차인'을 리스팅한다. 건물별로 개별 파일링(filing)할 것을 권한다. A라는 빌딩이 10층 건물이면 1층부터 10층까지 층별 사용 임차인이 어디인지 조사한다. 보통은 건물 1층 인포메이션에 층별 임차인이 표시되어 있다. 사진을 찍어오면 정리할 때 편하다. 자신의 파밍 지역은 영업하면서 매일 나가는 '나만의 사업장'이기 때문에 하나하나 정보를 축적해 나가야 한다. 이왕이면 건물의 외관, 공용부 사진도 찍어서 건물별로 별도의 컴퓨터 폴더에 저장해서 정기적으로 업데이트를 해야 한다. 건물에 직접 나가서 하는 조사 행위인 만큼, 방문한 김에 건물에서 만날 수 있는 사람들을 위해 명함, 개인 프로필, 회사 소개서 등의 여분을 챙기는 것은 필수다. 특히 한 건물에서 여러 개 층을 사용 중이거나 브랜드가 강한 좋은 기업인 임차인(앵커테넌트, 우량 임차인, 대형 임차인 등)에게는 약속하지 않고 예정돼 있지 않더라도 해당 층을 방문해 인사하고, 이사한다면 관여하게 될 총무 담당이나 임원을 만날 수 있도록 시도해 보는 마음을 잊어서는 안 된다.

2. 공실 내역(임대차 물건 확보)을 조사한다

부동산의 꽃은 '거래'다. 물론 부동산에도 다양한 업종이 존재하므로 중개가 가장 중요하다는 의미는 아니지만, '사고파는' 행위는 필수 요소이기 때문이다. 부동산 에이전트가 처음 일을 시작할 때 가장 필요한 것이 매물이다. 앞서 강조한 전속계약을 만들어 내기 위한 '수주원(수주의 원천)'의 역할도 공실 조사 활동으로 가능하게 된다. 파밍 지역 내에 비어 있는 건물의 전체 층, 일부 층에 대한 면적, 금액, 조건 등을 조사하는 과정에서 건물주, 관리소장, 신축의 경우에는 공사 현장 소장, 설계자 등 다양한 사람을 만나고 '일할 기회'를 타진하게 되기 때문이다. 당연히 이렇게 조사된 공실 정보는 조사한 에이전트의 방식대로 정리된다. '나의 매물장'이 되는 셈이다. 경우에 따라 어떤 회사에 소속되어 있거나 특정 부동산 매물 관리 유료 프로그램을 구입해서 사용하기도 할 것이다. 별도의 물건 관리 프로그램을 활용하는 회사에서 근무하거나 프로그램을 활용하는 것이 아니라면 향후에도 과거 공실 자료를 추적해서 볼 수 있도록 시계열적(과거 임대 자료나 공실 자료를 월별, 연도별로 필터링이 될 수 있게 관리하는 것이 중요하다. 향후 고객에게 시장조사 리포트나 가격 결정 제안을 할 때 필요한 데이터가 되어줄 것이다.)인 관리가 용이한 프로그램을 활용하라고 권하고 싶다. 파밍 지역에서 공실 조사를 통해 매물장을 풍성하게 만들어 나가는 과정에서 물건의 종류도 중요하다. 사무실, 1층 상가, 나대지 토지 등 지역 내 부동산 이슈가 있는 것은 모두 전수조사 한다는 마음으로 조사하고 자료를 축적한다. 새롭게 축적된 자료와 오늘 만난 관련자를 퇴근 전에 분류하고, 매일 내가 집중할 만한 일인지 확인하고, 이미 집중하고 있다면 클로우징에 다가가기 위해 노력해야 한다. 부동산 에이전트라는 직업은 자료 조사원이 아니라, 계약하는 사람임을 잊지 말자.

● 고객 상담 차트 만들기

부동산 에이전트는 출근해서 사람을 만나는 것으로 시작해서 사람과 헤어지며 하루를 마친다. 물론 만나는 모든 사람이 부동산 세일즈에서 당장 '수익'으로 이어지는 것은 아니다. 그렇지만 당장 수익이 안 될 고객이라고 잊어버려서는 안 된다. 결국 영업 활동은 잠재고객의 숫자를 늘리는 일이므로 단기적인 고객 발굴과 중장기적 고객 관리 계획을 병행해야 한다.

고객 접수 카드, 고객 상담 카드, 고객 상담 차트 등 어떤 이름이라도 상관없다. 중요한 것은 고객과의 만남을 분류하고 기록하는 일이다. 병원에 가면 환자별로 차트를 작성하듯이 부동산 고객별로 차트를 작성하는 것이다. 고객 관리를 더욱 체계적으로 한다면 세일즈하면서 만나는 모든 사람을 놓치지 않고 데이터화할 수 있을 것이다. 이렇게 하다 보면 에이전트도 고객을 선택할 수 있게 된다.

● 고객 분류하기

고객을 발굴하러 파밍을 다니다 보면 고객의 사무실에 앉아서 상담할 수도 있다. 그때는 출력한 고객 상담 차트를 채워 나간다는 느낌으로 질의응답을 하면서 상담할 수 있다. 별도로 작성을 안 해도 되니 편리하고, 부동산 세일즈를 시작한 지 얼마 안 되는 신입 에이전트라면 더더욱 고객 상담 차트를 작성하라고 권하고 싶다. 경력이 많은 에이전트는 고객과 대화를 시작할 때 첫 만남의 어색함을 부드럽게 만드는 아이스 브레이킹(Ice Breaking)도 능수능란해서 고객에게 궁금한 내용을 대화 속에서 자연스럽게 다 물어볼 수 있고 2차 미팅에서는 고객의 니즈가 반영된 솔루션을 줄 수 있지만, 신입 에이전트는 대화 중에 꼭 물어봐야 하는 중요한 항목을 파악하지 못하고 미팅을 끝내고 돌아오기 일쑤기 때문이다. 신입 에이전트에게 고객 상담 차트는 고객과의 미팅에서 커닝 페이퍼 역할을 해준다.

고객 회사 문 앞이나 신축 건물 공사장 앞길에서 이야기한다면 서류 작성이 쉽지 않을 것이다. 대부분이 이런 환경이다. 그래서 퇴근 전 책상 위에 하루 동안 나의 영업의 결과(명함)를 정리하는 일을 해야 한다. "이 명함의 주인이 나에게 고객이 될 상이었나?"라고 상상해 보는 것도 좋다. 이런 상상은 고객을 A, B, C, D급으로 분류할 수 있게 한다.

크고 좋은 회사인 것을 떠나서 당장 이사하거나 부동산 거래가 필요한 고객은 A, 당장 부동산 이슈는 없지만 큰 회사이거나 누구나 다 알 만한 우량 기업이면 B, 이사 계획도 없고 큰 회사는 아니지만, 오늘의 만남이 나쁘지 않은 고객은 C, 이외 내가 만난 사람은 D로 분류한다. A와 B급 고객은 파일링하고 C와 D급 고객은 고무줄로 명함을 감아서 잘 보관한다.

A급 고객은 한 달 안에 끝낸다는 생각으로 몰입해야 한다. 원래 제대로 된 영업 조직이라면 영업팀이 매일 아침 각자 보유한 A급 고객 숫자의 증감과 계약 진행의 전진에 관해 솔루션을 만들어 내는 시간을 가져야 한다. A급 고객은 매일 접촉하고 진행을 마무리하기 위해 노력해야 한다. 당연히 마무리는 계약 체결이다.

B급 고객은 미래의 고소득을 위한 보험이다. 때로는 로또가 되기도 한다. 그래서 당장은 부동산 이슈가 없지만, 주기적으로 담당자를 잘 관리해야 한다. 부동산 시장의 변화, 좋은 빌딩 정보, 심지어 담당자 개인이라도 투자할 만한 좋은 정보를 통해서 향후 부동산 이슈가 생기면 무조건 나를 1순위로 연락하게 만들어야 한다. 신입일 경우 B급 고객 관리는 정말 중요하다. 어떻게 생각하면 신입 에이전트가 실력을 갖출 시간을 자연스럽지만 어쩔 수 없이 만

들어주는 것이 B급 고객이다. 실제 B급 고객이 이사를 결정해서 사무실을 찾거나 건물을 매입할 상황이 될 때 신입 에이전트도 그 프로젝트를 능히 진행할 수 있는 능력을 갖추게 될 것이기 때문이다. 물론 열심히 일하고 있었다는 가정하에 말이다.

C급 고객은 큰 수익을 만들어주지는 못하지만, 그렇다고 버려서는 안 되는 소중한 고객이다. CRM이라는 프로그램으로 관리하면 좋다. 평소에는 일일이 신경을 쓰면서 관리할 수 없는 고객이지만, 내가 어떤 물건을 전속으로 임대·매매하고 있는지, 내가 몸담은 회사의 동향이 어떤지 지속해서 알려 둬야 하고 명절이나 연말연시가 되면 꼬박꼬박 인사를 해야 한다. 그 역시 시스템으로 말이다. 물론 랜덤으로 전화나 방문을 할 수도 있을 것이다.

나는 내가 만난 고객의 전화번호를 등록하고 메신저나 메일로 때마다 인사를 전했는데, C급 고객은 그것을 스팸(쓸데없는 광고)처럼 느꼈을 것이다. 하지만 우리는 세일즈를 하는 사람이기에 스팸을 날려야 한다. 대부분의 고객은 스팸은 보지도 않고 지워버리지만, 상당한 사람이 어디서 날린 스팸인지 인지한다는 것이 중요하다. 어차피 부동산 이슈가 없으니 스팸이다. 그러나 매일 스팸으로 메일을 지워 버리던 사람에게도 부동산 이슈는 뜻하지 않은 사랑처럼 다가온다. 갑자기 다가오는 사랑과도 같은 부동산 이슈에서 나를 찾게 해주는 초대장이 스팸이라고 생각해라. 그렇게 부동산 이슈가 생겨서 열어보게 되는 스팸은 그날은 정보가 되고 내 전화를 울리게 만들기 때문이다.

마지막으로 D급 고객은 에이전트가 하루를 보내면서 만나는 모든 사람이다. 점심을 먹은 식당의 사장님일 수도, 머리를 손질한 미용사일 수도, 길에서 우연히 만난 친구나 친구의 동료일 수도 있다. 하루 중 우연히 만난 내 중학교 동창의 아버지는 내가 영업하는 건물의 건물주일 수도 있다.

A는 당장 부동산 이슈가 있는 고객이라 '계약'을 진행하고 나에게 매출을 벌어줄 고객이다. B, C, D 고객 역시 잠재적으로 언제든 A로 변할 수 있기에 중요하다. 신입 에이전트일 때 내 수익을 급성장하게 해줄 핵심은 결국 B, C, D 고객을 풍부하게 만들어 두는 것이다. 특히 열정이 넘쳐나는 신입 에이전트 시기인 3~6개월의 시간을 절대로 낭비해서는 안 된다. 초심자의 운은 딱 한 번만 온다.

★　★　★
루틴으로 만들기

이미 경력이 있거나 심지어 충분히 어느 정도의 수익을 내는 부동산 에이전트라고 하더라도 하루에 버려지는 시간은 많다. 시간을 효율적으로 활용하고 영업 활동이 루틴(습관화)이 되게 하려면 우선, '영업 활동 시간표'를 만들어야 한다. 아침에 일어나서 잠자리에 들기까지 시간 단위로 내가 해야 하는 활동을 분석하는 것이다. 30분 단위로 오전 7시부터 오후 7시까지 12시간 동안 자신이 쓰는 시간을 적는다. 내가 어디에 시간을 버리고 있는지 분석하고 영업 활동에 활용하도록 만드는 과정은 한정된 시간을 늘려서 사용할 수 있게 되는 마법과도 같은 결과를 낳게 될 것이다. 새롭게 적용된 시간 활용을 2~3주 지키면서 영업 활동을 하게 되면 루틴이 될 것은 당연하다.

1. 영업 활동 계획을 지킨다

사람이라면 누구나 지치고 게을러진다. 아무리 열심인 사람도 마찬가지다. 아침 7시부터 업무를 시작해서 오후 7시까지 일하고 퇴근하는 루틴을 만들어서 영업에 집중한다고 해도 작심삼일이 될 것은 확실하다. '영업 활동 계획'을 지속하는 방법은 '세상이 다 알게 하는' 것이다.

영업하는 사람의 궁극적인 목표는 세일즈 성공이다. 즉, 부동산 계약 체결이다. 1년 동안 영업하면서 자신이 몇 건의 계약, 어떤 계약을 통해서 얼마의 수익을 내고 싶은지 소망하지만, 연말이 되면 누구는 초과 달성하기도 하지만 상당수가 목표를 달성하지 못한다. 연초에 세운 계획은 3, 4월이 되면 흐지부지된다. 내 선배가 나를 지도해주었을 때와 내가 후배 팀원을 지도했을 때 성공 사례를 생각해 보면, 연초에 세운 목표를 주변 동료나 상사에게 알리고 소문을 내는 것이 효과적이다. 목표를 출력해서 책상이나 사무실에 붙여 놓고 다른 사람들이 다 알게 만드는 것이다. 내가 놀기만 해도 주변의 따가운 비웃음을 감당해야 할 것이기 때문이다. 스스로 자기 목에 줄을 매고 타인에게 목줄을 넘겨주는 것이다. 나의 게으름이나 나태를 목격할 때 내 목줄을 강하게 당기라고 부탁해야 한다. 이런 각오를 해야 할 정도로 부동산 세일즈는 쉬운 일이 아니다. 하지만 성실하면 쉬운 일이 되기도 한다. 일한 사람만이 고객을 찾는 성실하고 정직한 일이기 때문이다. 결국, '행동하는 사람의 직업'이므로 어떻게 행동할지 계획을 세우는 영업 활동 계획은 성공의 90퍼센트를 차지하는 요인이다.

참고로 영업 활동 계획대로 실행하고 있지만, 고객의 거절 파도를 만났을 때 수장당하지 않으려면 이것만 기억하자.

"고객의 파도는 진짜 파도가 아니다.", "욕은 먹어도 죽지 않지만, 돈을 못 벌면 굶어 죽을 수 있다."

고객의 거절은 상황에 대한 거절이지 사람 자체를 부정해서 하는 거절이 아니다. 그냥 '이사 안 한다'는 표현, 나에게 '일은 안 주겠다'는 표현을 거칠게 했을 뿐이다. 처음 본 고객의 거절에 내 마음이 상할 필요가 없다. 막말로 에이전트도 예의 없는 고객은 진행을 안 하면 된다. 세상에 제일 흔한 게 건물이다. 그러니 매일 하겠다는 고객 발굴의 숫자를 꼭 지켜야 한다. 때로는 그날의 목표를 미리 달성하면 자신을 위한 멋진 선물을 구매하는 것도 좋은 방법이다. 힘든 세일즈의 생활에서 당근과 채찍을 줄 사람은 바로 자신이다.

2. 놀 때도 남의 건물에서 논다

원하는 결과를 내기 위해서는 나의 투자가 들어가야 한다. 그 투자란 바로 나의 시간과 열정이다. 그러나 사람은 기계가 아니다.

휴식이 필요하다는 말이다.

예전에 나는 대형 건물 자산관리를 배우고 싶어서 대형 부동산 회사를 두 군데 다녔다. 국내 최대 PMC(자산관리 회사)와 국내 최고 수준의 대기업 FMC(시설관리 회사)다. 두 회사에서 내가 한 일은 LMer(임대 마케팅, 임차인 유치)이다. 부동산 에이전트 생활 13년과 직장인으로 부동산 자산관리 차원의 임대 담당자 생활 11년 등이 내 주요 이력인데, 직장인 시절의 업무 강도를 생각하면 에이전트는 더욱 분발해야 한다. 에이전트는 대형 부동산 기업의 직장인에 비해 '큰 가능성과 기회'를 갖고 있다. 밤새워서 일할 자유와 번 돈의 대부분이 내 돈이 되는 사업자로서의 기회다. 그래서 놀아도 그냥 놀면 안 된다. 탑 에이전트는 일과 놀이에 경계가 있으면 안 된다.

그럼, '어디 가서 휴식을 취해야 하느냐'고 묻는다면? 잊지 말아야 하는 것은 우리가 '부동산'이라는 사실이다. 이동하는 동안 차창 밖으로 보이는 건물, 잠깐 정차한 횡단보도 옆에 신축하고 있는 공사장, 맛있는 커피가 있는 건물 등등 부동산적 관심과 호기심을 24시간 품고 쉬는 행위를 한다면 그 부동산적 관심과 호기심은 내 마음속의 힘듦에서, 때로는 지옥에서 나를 구해줄 것이다.

3. 고객을 계속 접촉하는 습관을 들인다

● 전화를 계속 해야 하는 이유

전화 걸기와 부동산 세일즈는 큰 연관성이 있다. 심지어 콜센터에서 일하는 텔레마케터의 수준에 도달할 정도로 신입 에이전트 시절을 보내라고 권유하고 싶다. 과거에 내 팀에 신입 에이전트가 입사하면 내 책상 옆에 놓인 콜부스에서 50통이고 100통이고 횟수와 관련 없이 고객과의 약속이 잡힐 때까지 전화를 걸게 했다. 이런 전화를 콜드콜이라고 부른다. 콜드콜의 목적은 상품(부동산) 판매가 목적이 아니고 고객이 될지도 모를 잠재고객과 일단 만나보려는 것이다. 목적은 약속 잡기다. 영업하는 사람이라면 그 일을 그만둘 때까지 콜드콜은 필수다. 계속해야 하는 일이다. 정도의 차이는 있지만, 경력자가 되고 고객을 진행할 때 성공률이 높아질 경우에도 신규 고객 발굴을 위한 활동을 유지하는 사람은 매출 상승의 한계가 없다고 볼 수 있다.

● 건물 신축 공사 현장을 계속 찾아가야 하는 이유

주로 영업하는 영업장이라고 볼 수 있는 파밍 지역의 공실 정보는 항상 업데이트해야 한다. 속칭 '살아 있는 매물'이어야 고객에게 허위 물건을 소개하는 일이 없을 것이다. 이뿐만 아니라 부동산 거래의 큰 축을 차지하는 물건 확보 차원에서도 파밍 지역 내에서 변화하는 공실 정보를 매물장으로 만들어서 잘 유지해야 한다. 어느 건물 하나하나의 층별 공실 정보도 중요하지만, 더 주목해야 하는 것은 건물 전체를 전속 받을 기회를 포착하는 것이다. 주위를 둘러보면 신축 공사장, 리모델링 현장이 많다.

직업이 부동산업인 사람이 영업지역에서 공사장을 지나치는 것은 길바닥에 떨어진 황금을 모른 척 하는 것과 같다. 평소에 매일 파밍하는 지역이니만큼 지역 내 어떤 건물이 있는지, 공실률은 얼마나 되는지, 임대가가 어떻게 형성되어 있는지, 임대 시장 흐름은 어떤지 등을 모두 간파하고 있다. 이렇듯 에이전트 가진 강력한 무기를 활용해 신축 중인 건물의 건물주에게 강력한 임대대행 제안을 할 수 있을 것이다. 신축 건물의 용도를 파악하고 준공 전에 우량 임차인을 찾아서 '공실 없이 만실'을 만드는 것에 대한 그림을 그려서 건물주를 설득하고 전속 임대대행권을 획득해야 한다. 신축 빌딩은 공사 기간이라는 한정적 시간이 주어져 있으므로 언제까지, 누구를 대상으로, 어떻게 마케팅해서 건물을 채울지가 임대대행 제안서의 핵심이다. 신축 빌딩의 전속 임대대행 수주는 건물의 면적과 비례해 예측할 수 있는 임대대행 수수료가 발생하고 에이전트를 통해 건물에 입주한 임차인을 물론이고 건물주 역시 향후 건물이 존재하는 동안 에이전트와 함께하게 된다. 물론 지속해서 잘 관리했을 때라는 전제 조건을 달아서다.

최근 건물주 중에는 젊은 사업가나 전문직도 많다. 최근 몇 년 사이에 부모에게 상속·증여받는 경우가 많이 발생하는 추세다. 이러한 추세이니만큼 건물을 채우고 부동산 에이전트의 일이 끝나는 단발성의 중개업무가 아니라, 건물주의 요청에 따라 건물주를 대리해 임차인 관리, 대내외 업무와 대관 업무, 임대료 미납 독촉과 관련한 법적 처리, 시설관리, 각종 법정 관리 등 건물 자체를 위탁하는 경우가 늘고 있다. 이에 발맞춰 에이전트도 상당한 수준의 역량 강화가 요구되는 현실이다.

4. 일주일에 최소 한 번씩 전속 건물주를 만난다

특정 부동산 회사에 소속되어 일하는 에이전트는 자신이 몸담은 회사가 보유한 고객 관리 툴을 활용해서 효과적으로 자신의 고객을 관리하고 있을 것이다. 특히 부동산 세일즈 업무를 새로 시작하려는 신입은 향후 자신의 사업에서 효과적인 고객 관리가 가능한 회사를 선택하는 것도 중요한 성공의 열쇠일 것이다. 조금 과장해서 표현하자면 얼마나 좋은 부동산 회사를 선택해서 합류(입사)하느냐가 신입 에이전트 입장에서는 절반 이상의 성공 보장이라고 볼 수 있다.

최근 부동산 에이전트는 발전된 IT 산업의 혜택을 톡톡히 보고 있다. 부동산이라는 산업군에 프롭테크(Proptech)라는 단어가 탄탄하게 자리 잡았다. 부동산 데이터의 상당량이 공공재 성격으로 공개되면서 이를 활용한 IT 기업의 창업이 수천 개에 이르렀다고 볼 수 있다.

정보와 애플리케이션의 홍수 속에서 변별력을 갖춘 에이전트는 기존의 고객 관리를 위한 리서치 시간을 상당히 단축할 수 있고, 다양한 메신저와 스마트폰을 활용해 전속 건물의 정기 보고나 기존고객의 계약 일정 관리, 건물 시설관리 분야에서도 놓치는 일이 없이 완벽함을 도모할 수 있는 계기가 되었다. 그러나 잊지 말아야 하는 것은 이런 고객 관리를 편하게 해주는 기능만으로 고객 관리를 해서는 안 된다는 점이다. 무조건 대면으로 보고하거나 만나야 하는 상황이 있다는 것을 명심해야 한다. 밥을 같이 먹는 인간관계를 '식구'라 했다. 건물주나 고객에게 에이전트가 수수료를 받고 일하는 부동산 회사 직원이라고 느껴지게 하면 안 된다. 좋은 일, 나쁜 일, 고민하는 일을 함께해주는 '한 팀'이라는 동질감을 느끼게 해야 한다.

부동산 일을 오래 하다 보면 알게 된다. 부동산 비즈니스는 '부동'이라는 말처럼 어떤 움직이지 않는 땅에 박힌 건물을 대상으로 하는 일이 아니라, 그 건물을 가진 '사람'을 상대하는 일이라는 것을 말이다. 에이전트로서 건물의 자산 가치에 도움이 되는 아주 작은 일이라도 상의하고 함께하는 마음가짐을 갖고, 내 건물처럼 일하다 보면 그 건물의 소유자인 사람의 마음을 얻게 되는 것이다.

5. 나의 하루 일당, 단가에 맞는 활동을 한다

아무리 막다른 골목에 지어진 건물일지라도 그 건물에는 장점이 있다. 그 장점이라는 것이 다분히 감성적인 부분일지도 모르지만 말이다. 건물을 전속으로 수주해서 임대대행이나 자산관리를 하는 에이전트라면 그 장점이라는 것을 얼마나 도드라지게 만들어서 그 감성을 가진 가망 임차인을 찾아내느냐가 건물이 채워질 것인지 계속 공실로 비어 있을 것인지를 가름 짓게 한다.

건물주 입장에서는 이런 점을 더 중요하게 인식해야 한다. 건물을 신축하거나 리모델링을 결정할 때 그냥 설계사를 만나서 건축법상 최대한 면적을 뽑아서 매력 없이 완성하면 안 된다.

건물 임대를 맡은 부동산 에이전트 입장에서는 빨리 채우고, 빨리 거래해서 수익을 창출해야 한다. 막다른 골목 안에 너무 평범하게 지어진 건물은 아예 수주하려고 시도 자체를 하지 않는 게 좋을 것이다. 부동산 비즈니스를 하는 것이 수익을 창출하려는 것이지 유엔난민기구나 유니세프는 아니기 때문이다. 거칠게 표현했지만, 냉정하게 우리가 생각할 것이 있다.

모든 부동산 에이전트는 자신의 몸값이 있다. 인당, 시간당 단가라는 개념을 잊으면 안 된다. 일 년에 2억을 벌기를 원한다면 한 달에 2천만 원 가까이 매출을 올려야 한다. 한 달에 20일을 일한다면 하루 일당이 100만 원이다. 사람이 살다 보면 하루는 후딱 지나가 버릴 수도 있고 게으름을 피우며 보내기도 하는데, 2억 에이전트에게는 100만 원을 버리는 것이다.

즉, 내가 벌고 싶은 돈의 크기에 맞는 활동을 해야 한다는 말이다. 고객만 부동산 에이전트를 선택할 수 있는 것이 아니라, 에이전트도 고객을 잘 선별해서 선택하고 잠재고객을 계속 만나는 과정을 진행하는 것과 함께 수시로 만난 고객을 재정렬해서 잘 버릴 수 있어야 한다. 막다른 골목에 안 예쁘게, 비효율로 지은 건물의 임대차를 맡기려고 연락이 온다면, 그 부동산이 상품성을 갖출 수 있도록 건물주를 설득할 수 있는가를 먼저 고려해야 한다. 그다음 건물주에게 상품성을 높이는 전략을 주면서 높은 수수료의 임대대행 컨설팅 제안서와 계약서 초안을 전달해야 한다. 높은 컨설팅 용역 수수료 제안은 중개 수수료도 포함되어 있지만, 실질적으로 마케팅을 하기 위한 비용, 지역 부동산 중개업체에 배분해줄 돈을 포함해서 계산한다. 그리고 동네를 파밍하면서 뒷골목에 어떤 건물이 지어질 조짐으로 철거나 바닥 토목 공사가 벌어지는 것을 발견했다면, 공사 시작일 시점에 임대대행 제안도 해야 한다. 사전 임대 마케팅을 통해서 기간을 두고 더 많은 가망 고객을 만날 시간이라도 벌어야 하기 때문이다. 이런 경우, 공사 시작 시점에 전속 임대대행을 줘야 하는 이유를 건물주에게 설명하고 전속으로 수주한다면 뒷골목 건물이지만 내 하루 일당, 나의 단가에 맡는 활동 속에서도 해당 건물을 채워 나갈 수 있을 것이다. 어차피 막다른 건물일지라도 내가 파밍하는 파밍 지역 안에 있는 건물이기 때문에 매일 터치할 수 있고 좋은 건물, 대로변 건물에 입주한 임차인 중에서 같은 동네이기만 하면 더 저렴하고 조용한 건물을 사무실로 애타고 찾고 있는 회사가 분명히 있기 때문이다.

6. 꾸역꾸역이라도 전진하려는 마음을 지닌다

1년, 365일이라는 기간은 지나고 보면 빛처럼 빠르기도 하지만, 하루하루를 매일 같은 강도로 살아간다는 것이 쉬운 일이 아니다. 천천히 전진하는 것은 멈추는 것과는 비교도 되지 않는 결과를 만들어 낸다. 내가 자주 사용하는 말이 있다.

"어제보다 오늘이 나아야 한다!", "점점 나아지는 나"

부동산 에이전트는 돈을 벌기 위한 수단으로 부동산 세일즈를 선택한 사람이다. 그러나 돈을 벌기 위한 그 행위 자체가 인생의 목표가 될 수는 없다. 사람마다 추구하는 삶의 목적이 있을 것이다. 일 자체에서 인생의 행복을 느끼는 사람도 있기는 하지만 말이다.

내가 좋아하는 일본 CCC 그룹의 회장인 마스다 무네아키의 책 《지적자본론》에 보면, 수단과 목적을 혼동하지 말라는 표현이 있다. 내가 자주 사용하는 표현이다. 나 역시, 내 인생의 행복이라는 목적을 위해 부동산업을 선택한 사람이다. 부동산 자체가 인생의 목적이 아니다. 그 수단인 부동산 비즈니스를 하면서 내 직업이 참 오묘하다고 느낀다. 깨끗하게만 해서는 돈을 많이 벌 수 없고, 공부를 많이 한다고 해서 더 버는 것도 아니다. 나쁜 방법으로 돈을 버는 경우도 많다. 그러나 과정이 윤리적이고 깨끗하고 떳떳하지 않다면 그 결과가 크게 나온다고 하더라도 무슨 의미가 있겠는가? 돈이 목적이면 부동산 사기꾼이 돼도 좋다는 말인가? 그건 결코 아니다. 정석으로 일하다 보면 가끔은 편법이나 사기에 가까운 방법으로 고수익을 낸 사례를 보면서 허무감이 들기도 하지만, 올바른 길로 계속 나아가야 한다. 그 나아가는 여정에서 즐거움도 많고 힘든 일도 많을 것이다. 중요한 포인트는 정석으로 일해 나가는 사람은 각자의 스타일로 부동산 전문가라고 불리는 공식적인 전문가로 성장할 것이다. '성장'이라는 단어가 빠진다면, 부동산업에서 아무리 돈을 많이 번다고 해도 감히 '성공'이라는 단어를 사용할 수 없기 때문이다.

버는 돈에 걸맞은 자기 성장이야말로 멋진 성공이라는 단어에 어울린다. 부동산 비즈니스에서도 마찬가지다. 돈에 수반하는 자기 성장은 필수다. 자기 자신을 전문가로 만들어 나가기 위해 끝없는 공부와 단련을 해야 한다는 뜻이다. 공부하기 위해 학교나 전문 교육기관을 다닐 수도 있겠지만, 최고의 공부는 '일을 통해, 일 속에서' 배우는 것이다.

콜드콜을 하며 고객의 높은 거절과 만났을 때, 매수자가 원하는 건물의 건물주를 만나기 위해 갖은 머리를 써보는 과정에서, 실수로 깨져버린 계약을 반성하면서, 검은 유혹을 뿌리치고 정도를 걸으려고 노력하는 과정을 고객이 알아줄 때, 나의 가치를 저평가(또는 고평가) 받을 때 등 영업하면서 부딪치는 모든 상황은 학습의 기회다. 이런 학습의 기회를 하나씩 해결해 나가면서 나도 모르게 큰 성장의 길로 들어서는 것이다. 당연히 이런 자기 성장은 나의 매출을 급상승하게 해준다. 자기 성장은 계약 성공률을 높여주기 때문이다. 오늘이 힘들 수 있다. 하지만 주저앉지 말고 무릎으로 기더라도 조금은 더 전진하자.

★ ★ ★

마인드 자체를 바꾸기

1. 놀 때도 부동산을 생각하라

영업인으로서 놀더라도 '일에 대한 안테나'를 세우고 놀라고 권하고 싶다. 영업을 시작한 이상, 24시간 부동산이라는 단어를 품고 살라는 의미다. 예를 들어 친구나 애인과 들른 성수동의 힙한 카페에서 커피만 즐기면 안 된다. 분위기가 좋고 커피가 맛있는 카페에는 당연히 사람이 많이 찾아오니 공간이 부족할 것이다. 사장도 높은 매출을 내고 있을 것이다. 커피를 마시면서 내가 부동산 관점에서 카페 사장에게 제안할 것이 있을지를 생각해 보라. 머리를 계속 굴리는 것이 매우 중요하다. 지금은 수천 곳이나 매장이 있는 스타벅스가 한국에 처음 들어왔을 때, 나는 운전을 한 시간 넘게 해서 이대 매장, 강남역 매장 등을 찾고는 했다. 캐러멜 프라푸치노를 마시기 위해서다. 아주 달고 찐한 그 맛이 좋았다(요즘은 입맛이 변해서 에스프레소 위주로 마신다). 당시 나는 부동산 에이전트로서 스타벅스 점원에게 질문하고 스타벅스 본사가 어딘지 찾다 보니 신세계와 스타벅스가 동업하고 있다는 사실을 알게 되었다. 내가 맡은 테헤란로 대로변 1층 자료를 포함해서 카페로 할 만한 건물을 자료로 만들어서 스타벅스 본사로 들고 갔다. 당시에는 스타벅스 본사에도 인력이 많지 않았고 확장세로 들어가기 전이라 친절히 상담도 받고 결과적으로 내가 전속 맡은 건물에 입주했다. 2022년인 지금 아직도 그 건물에 스타벅스가 입주해 있다. 이런 계약은 '만들어 내는 계약'이다. 그냥 1층에 오픈한 부동산 사무실로 지나던 고객이 워크인으로 들어와서 계약하는 부동산 계약과는 질적으로 다른 성취감을 주는 계약이기도 하다. 당연히 수수료 규모는 천지 차이다.

카페에서 커피만 즐기고 나오면 커피 애호가로 끝난다. 부동산쟁이는 커피만 즐기러 카페에 가는 것이 아니어야 한다.

2. 진정한 시간의 자유를 인식하라

부동산 세일즈를 다년간 해오면서 부동산 전문가라고 자타 인정할 수준의 에이전트로 성장한 사람들의 일상을 살펴보면 상당히 자유롭다. 출퇴근 시간이 자유롭고 자신이 스케줄을 조정해서 원한다면 주 4일만 근무할 수도 있다. 내 시간의 주인이 바로 자신이라는 관점에서 '에이전트로서의 진정한 시간의 자유'를 이야기해 보려 한다.

자유라는 단어를 부동산 세일즈를 처음 시작하는 사람에게는 다르게 표현해 보고 싶다. '24시간 일할 자유'라고 생각하면 어떨까? 부동산 에이전트로 일하는 것은 자신의 비즈니스를 하는 것이라고 여러 번 반복해서 강조했듯이, 당신이 밤을 새워서 일한다고 말릴 사람은 없을 것이다. '진정한 자유'를 얻기 위해서 6개월 정도 자신을 극한의 한계로 몰아붙여 볼 자유라고 생각하길 바란다.

당신이 지금 시작하는 부동산 비즈니스가 성공 가도를 위한 궤도에 오르기까지는 당신에게 하루 24시간 동안 마음껏 일할 자유가 놓여 있다. 꿈에서도 파밍을 해보라. 꿈에서도 고객과 건물 답사를 해보라. 꿈에서도 제안서 목차를 수정해 보라.

가끔 이럴 때가 있다. 온종일 고민하고 다니던 일을 잠들기 전까지 뒤척이며 이렇게 저렇게 생각하다 잠이 들었는데 꿈인지 선잠인지는 모르지만, 머릿속에서 계속 생각하다가 새벽 4~5시쯤 '해답'이 떡하니 나오는 것이다. 그러면 해답을 잊어버리지 않기 위해 당장 메모나 폭풍 타자를 시작한다.

3. 게으르고 나태해지지 않도록 경계하라

'닦고 조이고 기름 치자!'라는 문구는 보통 자동차 정비 공장이나 군부대 정비소에 붙어 있는 말이다. 부동산 세일즈를 하는 에이전트에게도 적용되는 말이기도 하다. 오랫동안 오프로드를 달리면 자동차 나사가 헐거워지듯이 사람도 무조건 게으르고 나태해진다. 사업가로서 부동산 비즈니스를 직업으로 삼은 사람이라면 가장 크게 경계해야 할 부분이다. 일반 직장을 다니는 샐러리맨은 회사가 정해준 규칙을 따르면 된다. 9시까지 출근하고 12시까지 주어진 일을 열심히 하고 점심을 먹고 6시까지 열심히 일하고 퇴근하면 된다. 6시에 퇴근할 수 있고 주말에 쉴 수 있다. 그래서 딱 아쉬운 만큼의 월급을 받아서 그 월급에 맞춰서 생활해 나가는 방식인데, 성실히 저축하고 투자하고 아끼면서 잘사는 사람도 많다. 그러나 1년 번 돈으로 집을 산다든지, 다음 달 인센티브로 차를 바꿀 계획은 세우기 힘들다.

부동산 세일즈는 자신의 노력으로 일반 직장인의 연봉을 월급으로 벌 가능성이 있는 직업이다. '그런 가능성이 있는 직업'이라고 표현한 이유는 '그런 가능성'이 내포하는, 무거운 사업가로서의 각오와 실행을 뒷받침해야 하기 때문이다. 어느 부동산 회사에 소속되어 일을 시작하더라도, 당신이 그 회사의 월급을 받는 직장인이 아니라 부동산 세일즈를 100% 인센티브 급여제로 일하는 에이전트라면 더욱 이 각오와 실행은 중요하다. 극단적으로는 이 '각오에 수반되는 실행'이 전부다. 부동산업에서 본인이 정한 분야에서 1년에 얼마의 매출을 목표로 수익은 얼마를 가져갈지를 정하고, 그 목표를 충족할 수 있는 액션 플랜을 수립하고, 강력하게 드라이브를 걸어야 한다. 작심삼일이라는 말이 있듯이, 사람의 의지가 며칠을 유지하기 힘들다. 그래서 사내의 교육 시스템과 팀장, 세일즈 코치 등 멘토가 되어줄 사람이 있는 회사를 선택해서 입사(합류)해야 한다. 부동산 회사는 너무나 많다. 어디에 첫발을 떼느냐에 따라서 부동산 세일즈의 결과가 달라진다. 부동산 세일즈를 직업으로 선택해서 에이전트가 되기를 희망하는 사람이면 성공의 첫 번째 항목은 '올바른 회사의 선택'이다. 나에게 부동산 일을 제대로, 정석으로, 올바르게, 깨끗하게 가르쳐주고 부동산 전문가로 만들어줄 회사를 선택해야 한다.

4. 마음속에 그린 것을 행동으로 옮겨라

나이키 광고 문구로 유명한 'JUST DO IT'은 부동산 비즈니스에서도 예외가 아니다. 지금까지 언급한 영업 성공을 위해 이제 당신은 단 한 가지만을 하면 된다. 바로 '액션(Action)'이다. 사무실 안에는 고객이 없다는 말을 항상 기억하고 고객을 찾아 밖으로 나가야 한다.

영업 조직에는 다양한 종류의 '에너지 뱀파이어'가 활동하고 있는데, 사무실에 머무는 시간이 길어질수록 우리는 뱀파이어의 사냥감이 될 가능성이 높다. 부동산 비즈니스를 하는 사람들은 나이도 경력도 제각각이다. 경력과 나이는 상관없는 일이지만, 일단 시작한다면 이 일로 먹고살겠다는 강한 의지가 있어야 한다. '프리랜서, 파트타임, 소일거리, 어쩌다 계약, 연금이 나오니 아침에 갈 곳으로' 같은 생각을 1%라도 갖고 있다면 이 일은 선택하지 않는 것이 좋다. 자신만 열심히 일하지 않는 것으로 끝나지 않는다. '썩은 사과 이론, 에너지 뱀파이어'라는 망령으로 힘들게 외근하고 들어오는, 열정 넘치는 신입 에이전트의 맥을 풀어 버린다. 사람의 좋고 나쁨을 이야기하는 것이 아니다. 그들은 때로는 좋은 형으로, 멋진 사회 선배로 당신 곁에 나타나 사무실 안에 있는 커피믹스를 타주면서 멋지게 위로와 응원을 해준다.

"연우(가명) 씨 영업이 다 때가 있는데, 너무 초반에 애쓰지 마요. 건강 챙기면서 해야죠. 식사는 했어요? 곰탕 같이 먹을까요?"

이렇게 참 좋은 사람이 많다. 그러나 단연코 부동산 비즈니스에서 성공을 꿈꾼다면 당신이 어디서 일하고 있든지 이런 사람은 멀리해야 한다. 신입 에이전트는 가혹한 환경, 극한의 영업 강도로 자신을 내몰아야 한다. 지금 편하면 영업을 통째로 망하게 할 수 있다. 다 때가 있다는 말은 맞다. 그때라는 것은 죽을 만큼 숨이 꼴깍꼴깍하도록 일할 타이밍이라는 의미다. 초심자의 운은 평생 딱 한 번이다. 좋은 영업의 루틴을 만들 수 있는 절호의 찬스도 단 한 번뿐이다.

처음 부동산 에이전트 생활을 시작했다면, 미래 10년의 먹을거리를 위해서 다람쥐가 도토리를 모으듯이 잠재고객을 꾸준히 모아야 한다. 다람쥐가 도토리를 많이 모으는 방법과 다르지 않다. 도토리가 열리는 참나뭇과의 나무 종류를 조사하고 가장 내 취향에 맞는 나무 종류를 골라서 그 나무가 많은 지역과 내 창고를 계속 왕복하며 내 에너지가 고갈되어 피곤해서 쉴 수밖에 없을 때까지 무한 반복하며 물어 나른다. 당신이 파밍 지역으로 매일 나가서 건물주, 임차인 등 당신의 고객이 될 사람을 몸이 지칠 때까지 만나는 것과 같다.

세상에는 공짜가 없다. 부동산 일은 몇억을 들어서 사업을 시작하는 리스크가 없다. 그런데 수익은 몇십억 들여 창업한 레스토랑보다 더 낼 수도 있다. 당신에게 필요한 투자금은 오직 '시간', '열정', '자기 자신'이다.

5. 정직한 직업, 통계를 넘으려는 각오로 임하라

궁극적으로 부동산 비즈니스라는 것은 통계를 이겨야 하는 직업이다. 부동산 거래를 기반으로 일하는 에이전트에게 계약을 완성하는 것은 목적 자체다. 신입 에이전트 중에는 일을 시작한 지 2~3달이 되지 않아 첫 계약을 자력으로 체결하고, 심지어 대로변 큰 건물 임대차나 소형 건물 매매 등을 통해 고수익을 달성하는 경우도 있다. 그리고 하루에 20명이 넘는 잠재고객을 만나는 독한 에이전트도 가끔 보게 된다.

25일 동안 매일 20명을 만난다? 결과는 한 달 후, 책상에 쌓인 명함이 500장임을 의미한다. 아무리 신입 에이전트라도 상사나 코치의 코칭을 받으면서 500명을 분류해서 A급 고객을 추려서 진행하면 통계적으로 2명 정도 계약할 만한 고객이 나올 것이다. 이런 행위를 3달간 하면 6건의 계약을 할 수도 있다.

내가 이 책에서 이야기하는 계약은 대부분 서울 주요 오피스 지역 사무실 임대차를 기준으로 하는데, 건당 계약 수수료가 100만 원은 아닐 것이다. 6건의 계약을 놓고 보면 백 단위가 아니고 천 단위일 가능성이 높다. 건당 500만 원에 6건이면 3천만 원이다. 한 달에 매출이 1천만 원인 셈이다.

3달 정도 지나면 이 열정 넘치던 사람도 게을러지기 시작해서 하루에 20명은 못 만나게 되는데, 그사이 쌓여가는 고객 숫자와 진행 중인 건이 계약으로 전환되면서 초창기 50% 이하의 고객 발굴 양(숫자)이라도 유지한다면, 매출 역시 유지될 것이다. 시간이 지나면서 고객 진행 성사율도 높아지기 때문이다.

● 지랄 총량의 법칙

'지랄 총량의 법칙'이라는 말을 농담처럼 들어봤을 것이다. 모든 좋고 싫음, 노력 이런 것들은 결국 초심을 잃는다. 세상사 모든 것에는 한계가 있다. '부동산 세일즈' 역시도 마찬가지다. 부동산 세일즈에서 성공을 꿈꾸는 사람들에게 초반 반년 정도의 시간이 평생을 좌우한다. 가장 강렬하며 높고 깊은 성공에 대한 갈망을 품고 있을 때, 안착해야 한다. 이론적으로는 극한의 영업 양을 신입 시절에 경험한 사람은 몇 년 후 게을러져도 일정 수준의 높은 매출을 유지하게 되는데, 그 이유에는 여러 가지 요소가 있다.

부동산 일이라는 것이 임대차든 매매든 거래에 시차가 발생하고, 신입도 열심히 반년 정도 고객을 찾고 매물을 전속하는 마케팅 활동을 하다 보면 고객에 대응하는 대응력과 계약 성공률이 높아지기 때문이다. 내가 가르친 수많은 부동산 에이전트 중에서 고소득을 장기간 올리는 계약을 들여다보면 기존 고객의 재계약, 추가 계약이 많은 것도 게을러진 경력자가 먹고살게 만들어주는 이유일 것이다.

숙련도가 높아진 경력자가 게을러지지 않고 초심자, 신입 시절처럼 신규 고객 발굴을 위한 활동을 이어간다면 '매출의 한계'는 없을 것이다.

★ ★ ★

목적을 잊지 않기

1. 공인중개사 자격증은 부동산 영업을 하기 위한 것이다

모르는 사람을 매일 만나야 하는 세일즈는 부동산업에서도 피할 수 없는 숙명과도 같은 것이다. 오히려 더 많이 만나야 한다. 앞서 여러 번 언급했지만, 부동산 세일즈 성공의 왕도는 지극히 통계적이고 수학적이기 때문이다. 잠재고객을 많이 만나는 사람이 이기는 게임이다.

우리나라처럼 공인중개사가 많은 나라도 드물다. 어렵게 합격한 공인중개사 자격증은 중개업소, 중개법인을 만들기 위한 법적 수단이지 부동산업을 창업 후, 성공으로 하는 패스포트는 아니다. 공인중개사 자격증을 취득하고 개업을 안 하는 사람이 10만 명이 넘는다고 알고 있는데, 공인중개사 자격증은 '혹시나 나중에 노노니, 재테크를 위해, 노후를 위해' 이런 이유로는 딸 필요가 없는 자격증이다. 장롱 면허증 소지자는 더욱 영업하기가 힘들다. 자격증은 부동산 중개업을 하기 위해서, 부동산 비즈니스에서 승부를 내볼 계획이 있는 예비 부동산 중개업 사업자가 도전해야 하고, 자격증을 획득했다면 바로 '거절의 파도'를 타면서 부동산 세일즈를 하라고 권하고 싶다. 그리고 공인중개사라는 직업은 이제 소일거리로 할 직업이 아니다. 풀타임으로 몰입해서 해도 성공할지 망할지 알 수 없는 고도의 산업으로 업그레이드되었다.

2. 아웃바운드(Outbound)를 잊지 말자

'거절의 파도'가 담고 있는 의미는 모르는 사람을 찾아 밖으로 나간다는 데 있다. 이것이 '아웃바운드'이다. 부동산 세일즈맨이 고객을 찾아가야 한다는 말이다. 우리가 흔히 아는 동네 길가에 보이는 1층에 위치한 부동산 업체처럼 고객이 찾아오길 기다리는 수동적 영업을 하는 것이 아니라, 매물과 고객을 직접 찾아 나서야 한다. 부동산 이슈가 있는 사람을 찾아 나서는 것이다.

1층에서 1~2명이 일하는 공인중개사 사무실에서는 사무실 밖으로 고객을 찾아 영업을 나가는 것이 현실적으로 힘든 것도 사실이다. 공인중개사 사무실이라는 간판을 보고 찾아오거나 포털사이트, SNS의 부동산 광고를 보고 연락해오는 고객을 응대하는 업무를 하다 보면 아이러니하게도 열심히 일하는데 영업력은 점점 떨어지는 이상한 현상이 발생한다. 1년, 3년, 5년, 심지어 10년 넘게 이렇게 일하다 보면 부동산업에서의 마케팅이라는 것이 광고 채널 비용을 들여 유지하거나 확대하는 것만을 하게 된다. 매월 3~4천만 원의 매출을 올리는 공인중개사가 광고비로 1천만 원 가까이 지출하는 일은 아주 특이한 상황이 아니다. 혹시 이 책을 읽고 있는 당신이 5년 정도 공인중개사 사무실을 운영했다면 다음 질문에 답해 보자.

- 현재, 진행 중인 A급(당장 계약할 수 있는) 고객의 '상담 차트'가 얼마나 있는가?
- 5년간 정식으로 '전속중개 계약', '전속 컨설팅 용역 계약'

을 매도, 매수, 임대, 임차, 일반 컨설팅 등을 포함해서 몇 건을 작성했는가?

– 평균적으로 하루에 사무실 밖에 나가서 매물과 고객을 찾는 활동을 몇 시간 하는가?

위와 같은 질문은 신규 물건 발굴과 잠재고객 발굴을 늘리기 위한 핵심 요소이다. 세일즈를 하는 사람으로서 거절의 파도를 만난다는 것은 근본적으로 '아웃바운드'를 하고 있다는 의미이다. 아웃바운드를 잊지 말자.

3. 마음의 상처가 깊어져 몸을 상하게 하면 안 된다

사람에게는 마음이 있어서 인간적인 모멸감, 수치심 같은 것을 타인에게 당하면 당연히 마음이 다친다. 거절을 계속 당하는 부동산 에이전트도 마찬가지다. 익숙해지고 그러려니 하려고 해도 잘 안되는 것이 마음을 다치는 일이다.

"거절의 파도를 타라!"라는 멋져 보이는 말도 실은 쉽지 않은 이야기다. 부동산 일을 30년 가까이 한 나는 조금 다른 방법으로 거절의 파도를 타고 있다. 영업하면서 각자 개개인이 자신의 마음을 보호할 수 있는 방패 하나쯤은 만들라고 권한다. 그 방패는 취미가 될 수도 있고, 명상이나 요가, 운동이 될 수도 있다. 때에 따라서는 신경정신과 전문가와 정기적인 정신건강을 위한 상담을 해도 좋고, 미술치료나 음악치료 등 다양한 방법을 통해 맑은 정신을 유지해야 한다. 마인드 컨트롤하는 자신만의 방법을 찾아 활용하라는 의미다.

나는 개인적으로 온종일 영업하면서 안 좋은 일을 겪은 날에는 안 가 본 카페에서 커피를 마시면서 음악을 듣고 퇴근하는 방법을 사용하고 있다.

● 멘털 관리 차원에서 중요한 포인트

영업하는 도중 고객에게 심한 거절을 당해서 화가 나 있거나 심하면 분해서 울기까지 하는 에이전트를 종종, 자주 본다. 그럴 땐 다음과 같이 대화를 연다.

> 나: 연우 씨를 분하게 만든 사람은 원래 알던 사람인가요?
>
> 노연우 씨: 아니요. 처음 봤는데 처음 본 X가 삐리리 삐리리 하잖아요.
>
> 나: 저도 26살 때인가, 비 오는 날 잠실에서 영업하다가 쫓겨난 적이 있었죠. 때마침 점심시간인데 지갑에 2천 원만 있는 거예요. 잠실 아시아선수촌 단지 도시락 가게에서 제일 싼 1,900원짜리 도시락을 내 마티즈 차 안에서 먹는데 눈물이 막 나더라고요. 얼마나 울면서 욕을 했는지 몰라요. 그때, 이렇게 이야기했었죠.
>
> "XX, 너 내가 꼭 계약시킨다."
>
> 당시에는 돈을 벌기 위해 그런 거절을 쌩으로(어쩌면 생으로) 이겨 내기만 했었죠.

고객에게 심한 거절의 말을 들었을 연우 씨에게 이런 말을 해주고 싶다. 멘털 관리 차원에서 정말 중요한 포인트다.

"오늘 연우 씨가 만난 고객은, 연우 씨 말대로 처음 만났는데 알지도 못하는 사람이 무슨 나쁜 마음이 있어서 연우 씨에게 수치심, 모멸감을 준 것이 아니고요. 그냥 이사 안 할 건데 귀찮으니 가라고 이야기한 거라고 받아들이면 어떨까요? 물론, 예의(4가지)는 없네요. 마음을 다칠 정도로 깊이 신경 쓰지 마세요."

무언가 판매를 목적으로 영업하는 모든 영업인은 이런 거절 때문에 마음이 상하는 일이 일상다반사다. 처음 만난 고객은 타인에게 상처주거나 모욕을 의도적으로 주는 것이 아니라 그냥 '안 산다'는 표현을 예의 없이 한 거로 생각하자. 영업하다 보면 알게 된다. 세상에는 생각보다 예의 없는 사람이 많다는 것을 말이다.

● 다친 마음은 퇴근 전에 꼭 치료

영업을 위해 거절의 파도를 타다 보면 손가락 상처와는 비교도 안 되는 상처를 입게 된다. 그것도 '내상'이다. 그냥 넘기고 넘기다 보면 우울증이 오고 공황장애도 될 수 있다. 부동산 일을 하면서 마음에 병이든 사람을 여럿 봤다. 내 주변에도 많다. 정도의 차이는 있지만, 영업하는 세일즈맨은 '마음에 각자의 스크래치'가 있다.

사회에는 사람을 때리거나 죽이면 안 되는 법이 있다. 세일즈하다 보면 고객을 만들기 위해 불특정 다수를 계속 만나야 하는 과정이 필요한데, 그 과정에서 상대방이 나를 어떻게 대할지는 알 수가 없다. 결국, 받아들이는 내 마음의 대응력이 중요하다. 무조건 강해져야 한다기보다는 적절한 대응이 필요하다는 것이다. 기본은 그들이 주는 상처는 인간 노창희에게 주는 것이 아니고, 그냥 이사를 안 한다는 표현을 '더럽게' 하는 것이라고 받아들이고, 그 고객의 건물을 나설 때 속 시원하게 한마디 한다. "에잇, XX-NOM. 부부싸움이라도 하고 출근한 건가?" 그렇게 한마디 나 혼자 내뱉고 그 욕 한마디로 내 마음속 찌꺼기를 머릿속에서 배설시킨다. 털어 버리는 것을 잘해야 하는 극도의 감정 노동을 하는 직업임을 밝혀 둔다.

그런데도 우리는 에이전트로서 다음 계획한 잠재고객을 만나는 여정을 이어가야 한다. 그 이어가는 여정의 합이 결국 내 연간 소득이기 때문이다. 내가 오늘 영업을 시작해서 만나야 하는 사람(잠재고객)의 숫자를 채우지 못하면 통계적으로 내가 원하는 이익을 얻을 수 없기 때문이다. 부동산업은 하나의 계약으로 큰 매출도 낼 수 있기 때문에 이런 기분 상하는 날은 그냥 집에 가야겠다고 생각하고 "인생은 한 방이야." 하면서 당장 껄끄러운 고객을 피하는 행위는 나중에 굉장히 힘든 상황을 만들게 된다. 수입이 안 생길 것이기 때문이다. 이런 생각은 갖지도 말아야 한다. 영업의 행군을 하는 과정에서 격려와 채찍질이 아니라, 마음의 단단함을 약하게 만드는 주변인과는 상종도 하지 말라고 말하고 싶다.

2장

장

영업적 사고

강한 멘털로 무장하라

★ ★ ★

우리는 서퍼다! 거절의 파도를 타는 서퍼

1. 멘털 강화는 부동산 에이전트 영업의 전부다

영업을 오래 하면 할수록 부동산 에이전트는 부동산이라는 물건을 거래하는 게 아니라, 사람의 마음을 얻는 일이라는 것을 느끼게 된다. 사람의 마음은 그냥 얻어지지 않는다. 갖은 마음고생이나 눈물이 뒤따르기도 한다. 연애할 때를 회상해 보라. 좋아하는 사람이 생겨서 두근두근하는 마음을 갖고 고백도 해보고, 몇 번 러브레터도 써보고, 선물도 해보고, 이 모든 경험을 해본 사람이라면 알것이다. 부동산 일은 단연코 연애 성공보다 어렵다.

고객은 절대로 나에게 첫눈에 반하듯 자신의 부동산 자산을 맡기지 않는다. 그 과정에서 에이전트는 마음고생을 많이 하게 된다. '전속 에이전트'가 된다고 해도 고객을 상대하는 일이 결코 쉬운 일은 아니다. '거절의 파도'라는 표현은 영업하는 사람이라면 분리해서 말할 수 없는 말이다. 처음 부동산 일을 시작하고 모르는 사람을 만나면서 겪게 되는 '거절'이라는 단어는 나름 곱게 살아온 사람에게 더욱 큰 충격을 준다. 자존심을 상하게 하기 때문이다.

내가 부동산 영업을 시작하던 때, 직장이 위치한 강남역에서 가끔 은행원들이 어깨에 띠를 두른 채 인사하고 상품 소개서를 나눠 주는 것을 봤다. 요즘도 유형은 다르지만 이런 장면을 테헤란로에서 자주 만난다. '속초에 오피스텔을 분양한다며 자기를 봐서 모델하우스에 한 번만 들렀다 가달라는 아주머니들의 호객 행위'는 흔하다. 온종일 거절을 당하는 사람의 마음이 아무렇지도 않은 것은 아니다. 그냥 참을 만한 거다. 그래서 평상시에 운동해서 근육을 키우듯이 마음의 근육도 키워야 하는데, 가장 좋은 방법은 마인드 컨트롤과 강한 레버리지 효과를 갖는 것이다.

마인드 컨트롤은 앞서 이야기했지만, 본인이 어떤 방법을 통해서 가장 스트레스가 풀리는지를 생각해 보고 발전시켜야 한다. 음악 감상이 될 수도 있고 명상, 요가 이런 취미와 연계할 수도 있고 좋은 사람을 발전적으로 만나는 행위도 될 수 있다. 예를 들어 주말에 지인과의 등산, 골프, 간단한 여행 등도 도움이 될 것이다. 중요한 포인트는 스트레스 경감 행위를 통해서 다음 주에 일할 에너지를 얻어야 한다는 것이다.

레버리지 효과는 스트레스 경감이 아니라 더 큰 스트레스로 이겨내는 방법이다. 상처가 났는데 더 큰 상처로 치료한다? 이런 마인드일 수도 있는데, 어떤 거절의 파도를 만났을 때 그런 스트레스 따위는 하나도 중요하지 않다는 식으로 내 주변 환경을 만드는 것이다. 한마디로 '돈을 벌 수밖에 없으며, 벌어야만 하는 환경에 자신을 넣어 버리는 것'이다.

과거 근무하던 회사에서 영업 사원으로 입사한 사람 500여 명의 이력서, 자기소개서 등을 바탕으로 1년 사이 올린 매출을 조사한 흥미로운 조사가 있었다. 결론은 돈을 안 벌면 가족이 생활하기 힘든 환경에 놓인 사람이 가장 빠른 첫 계약과 가장 높은 1년 차 매출을 내는 우수 영업 사원으로 자리매김했다는 것이다. 구체적으로 나온 '서바이벌 스펙'은 이랬다.

> 31~32살의 남성으로, 직장 생활 2~3년 차, 기혼이며 아이가 태어나서 와이프가 맞벌이를 못 하고 육아하고 있으며, 서울이나 경기도에 20평대 아파트나 빌라를 전세로 살고 있으며, 중고차 한 대, 반년 이하의 생활비 정도가 저축으로 마련되어 있고 대졸자이며 이공계를 전공한 사람

돈을 벌기 위한 그들의 마음은 2022년이라고 다르지 않다. '거절의 파도'가 아무리 높아도 '돈을 벌어야 하는 의무감과 욕심의 파도'

보다는 더 높지 않다. 위와 같은 서바이벌 스펙이 없는 사람은 스스로 자신이 돈을 안 벌면 안 될 상황을 만들어야 한다. 1년 후, 출고될 새 차를 주문할 수도 있고, 일부러 융자를 얻어 집을 이사할 수도 있다. 젊은 신입 에이전트라면 앞서 언급한, 길가에서 오피스텔 분양을 호객하는 사람의 손을 잡고 모델하우스를 방문해 계약하고 나오는 것이다. 1~2년 후에 분양하는 오피스텔은 계약금은 10%, 중도금은 6~7회 나눠서 대출로 처리하고, 입주할 때 잔금을 치르는 구조다. 준공 전까지 오피스텔 매매 대금을 다 벌겠다고 생각해 보라. 아침마다 거울에 비친 자신의 눈빛에 놀랄 것이다. 레이저가 나오고 있을 것이다. 거절의 파도? 개나 줘버리게 된다. 아마 거절의 파도를 즐기며 '서핑을 즐기는 서퍼'가 될 것이다.

아무리 거절당하고 욕을 먹어도 기분은 나쁠지언정 사람이 죽지는 않는다. 그 기분 나쁨은 두둑한 인센티브를 단 한 번만 받아도 극복하게 된다. 부동산 에이전트라는 직업은 내 친구의 연봉을 내 월급으로 벌 수 있는 직업이기 때문이다. 여러 차례 강조하지만 내 노력과 열정을 뒷받침하는 경우에만 해당한다. 재미있는 사실은 영업은 배에 기름이 차면 실적이 나오지를 않는다는 것이다. 물론 일정 수익 이상을 벌기 시작하는 경우는 조금 다르다. '욕심'이라는 것이 지탱해주니까.

2. 잠재고객 발굴은 늘 머릿속에 있어야 하는 단어다

부동산 비즈니스를 하는 에이전트의 활동은 '경찰 순찰 활동'과 같아야 한다. 정해진 관할 구역을 커버한다. 평상시에는 골목길 하나하나를 저속으로 찬찬히 돌면서 범죄를 예방하고 지역 주민의 민원을 청취한다. 그러는 와중에 제보가 들어오거나 순찰 중 범죄를 발견하고 현장 검거 등의 실적이 발생하기도 한다. 그런 일상 중에 112 신고라도 들어오면 사이렌을 크게 울리며 출동한다. 차에 항상 무기가 실려 있기 때문에 빠른 대응이 가능하다. 범죄의 예상 규모를 예상하며 지원 요청도 검토한다. 새로 들어온 촉이 좋은 신입 순경의 예리함으로 단순 절도범인 줄 알았던 사람이 연쇄 살인 용의자로 밝혀지기도 하는 홈런 같은 실적도 올리게 된다.

부동산 영업도 경찰의 순찰 활동과 다르지 않다. 내 관할 구역(파밍 지역, 영업지역)을 순찰한다. 순찰이라는 의미처럼 매일 루틴으로 영업지역을 돈다. 공실, 어제 방문하지 않은 건물, 신축 건물, 아직 만나지 못한 건물주, 각 건물 층별 주요 임차인 등 관련된 사람을 만난다. 그러다 출동 신고(고객이 먼저 미팅 요청, 신축 건물의 임대대행 제안 요청 등)가 들어오면 루틴을 멈추고 출동한다. 출동을 위한 자료 조사는 미리미리 다 되어 있을 것이다. 빠르게 CMA(시장 가격 분석표, 비교표)나 지역 내에서의 실적표 등 필요한 서류를 챙겨서 미팅 장소로 향한다. 그런 일을 반복하다 보면 어제 만난 허름한 잠바를 입고 있던 아저씨에게 명함을 주었는데, 그 건물의 건물주였다는 것을 알게 되는 놀라운 경험도 하고, 심지어는 그 건물을 수주하는 안타나 홈런을 날리게 된다.

돌아다닌다고 그때마다 고객을 매일 찾을 수 있는 게 아니다.

일상의 루틴으로 영업 활동 행위를 유지하면서 언젠가 고객이 될 잠재고객을 만나는 일정이라고 생각해야 한다. 그러나 이 직업은 정말 정직한 직업이라 그렇게 만난 사람이 쌓이기 시작하면서 결국은 그 만난 고객의 '양'이 나에게 진성 고객을 만들어주는 것이다. 영업을 시작했는데 아직 진성 고객이 없다는 하소연을 자주 듣는다. 내 대답은 한결같다.

"며칠이나 하셨습니까? 그렇게, 부동산 일을 만만하게 보고 하지 마세요!"

3. 진심으로 사람을 대하도록 노력하라

백화점 내에서 구두 판매 1위인 판매원의 사례를 이야기해 보고자 한다. 자신에게 구두를 안 사더라도 최선을 다해서 응대하고 구두를 신겨주고 자신이 응대한 고객이 돌아가는 길이면 안 보이는 뒷모습에도 깍듯이 인사를 했다고 한다. 그런 모습을 지켜보던 옆쪽 판매원이 자기 동료에게 놀리듯 이야기한다. "뒤통수에 눈이 달린 것도 아닌데 바보처럼 뒤에서 인사하네."

여기서 우리가 주목할 점이 있다. 그 사람의 친절한 말투와 행동은 주변에서 다른 물건을 사는 사람의 시선도 끌었을 것이며, 돌아가는 고객 뒤에 인사하는 모습을 그 고객은 못 보더라도 그 광경을 지켜본 사람은 옆 매대 판매원부터 주변 고객 모두일 것이다. 그 친절함을 기억하는 사람이 구두 살 일이 생긴다고 생각해 보라. 그게 당신이라면? 당신은 누구에게 구두를 사겠는가?

가족과 외출할 때 고객에게 전화가 걸려 오는 경우가 있다. 당연히 친절히 받기도 하지만 전화를 끊을 때면 나는 고개를 숙여 인사한다. 예전에는 집사람이나 딸들도 보이지도 않는데 인사를 하냐고 나를 놀렸었다. 그럴 때면 가족들에게 이렇게 이야기하고는 했다.

"지금 전화한 고객 때문에 너희들이 학교도 다니고 우리가 건물도 살 수 있는 거다."

물론 그 고객은 내가 전화기 너머 고개 숙여 인사하는 것을 모른다. 하지만 느낄 것이다. 우리는 우리가 모르는 사이에 사람들에게 관심받고 우리도 모르게 노출되어 있다. 매사에 진심을 갖고 사람을 대하는 습관을 지녀야 한다.

만나는 사람 모두가 내 고객이 되지는 못한다. 그러나 사람과의 인연을 너무 가볍게 생각하면 안 된다. 드라마나 영화에서도 이런 장면이 가끔 나온다. 백화점에서 점원에게 함부로 하는 젊은 여성, 식당에서 종업원에게 함부로 하는 사모님 같은 꼴불견은 생각보다 우리 주변에 가까이 있다. 당신이 그런 꼴불견으로, 잠재고객이 될지도 모르는 사람에게 낙인을 찍히는 일이 없기를 바란다.

멘털 강화의 목적은 영업의 양을 늘리는 것

1. 멘털 강화는 대응력이 좋아지는 것이다

'멘털이 강해지는 것'이라기보다는 인간관계에서 '대응력이 좋아지는 것'이라고 표현하고 싶다. 대인 관계에서 외향적인 사람은 영업에 유리하고 내성적인 사람은 영업에 불리하다고 말한다면, 그건 일부만 맞는 말이다. 아무리 외향적인 사람일지라도 모르는 사람을 만나서 세일즈하는 것은 쉬운 일이 아니며 엄청난 스트레스를 받는 일이기 때문이다. 오히려 자신이 세일즈하는 상품이 어떤 장단점을 가졌는지, 해당 상품(부동산)을 구입한 고객에게 어떤 이익과 혜택이 돌아가는지를 차분하게 설명하고 납득하게 할 수 있다면 영업 실적은 성격과 완전 다른 판도로 나타날 것이다.

'강한 멘털'은 자신이 타인 앞에서 찾아온 의도를 잘 설명할 수 있는 준비가 완벽히 되어 있다면 저절로 만들어질 것이다. 물론 거절의 파도는 내가 원하는 방향으로만 오는 것이 아니기 때문에 고객의 나쁜 반응에도 훌훌 털어버릴 수 있는 마음의 중립성(평화)을 갖는 연습은 매우 중요할 것이다.

2. 첫 통화가 가장 어렵지만 하고 나면 별것이 아니다

두려움이라는 마음이나 공포심 같은 것은 막연함에서 생긴다. 평상시 익숙하지 않은 행동을 시작한다는 것은 실제 어렵거나 두려 위해야 할 무언가 존재해서가 아니라, 그냥 몸이 움직여 주지 않는 것이다. 친구나 가족과 전화 통화를 하는데 이런 고민은 없을 것이다. 심지어 본인이 직접 전화를 거는 것에도 어떤 두려움도 없을 것이다. 그건 오랜 시간 알고 지내왔고, 서로의 성격도 알고, 나를 어떻게 대할지 예측이 되기 때문이다. 그런데 지금 이 챕터에서 이야기하는 통화는 '콜드콜'이다. 가망 고객을 확보하기 위해 모르는 사람에게 거는 전화다. 여기서 재미있는 점은 나도 상대방에게 처음 전화를 걸지만, 상대방도 나와 첫 통화라는 두려움이 공존한다는 것이다.

전화를 걸기 전 어떤 말(스크립트 준비)을 어떤 목소리 톤(연습으로 목소리 톤을 맞춤)으로 전화를 걸지 여러 번 연습해 본다. 충분히 연습했다면 일단은 걸어 보기를 바란다. 만약에 두려움이 커서 망설이게 되어 하루를 넘기고, 일주일을 넘기는 현상이 계속된다면 다른 용기를 내보라.

내 옆 책상의 동료, 상사 등 가장 편한 옆 사람에게 고객에게 콜드콜 몇 통을 하는 동안 옆에 있어 달라고 부탁한다.

첫 번째 콜드콜이 끝나면 약간 얼굴이 발그레해지면서 심장이 콩닥거릴 것이다. 옆을 지켜주고 있는 사람의 격려도 있을 것이다. 숨을 크게 들이마시며 두 번째 전화, 세 번째 전화, 그다음을 계속 진행한다. 10통 정도 하면서 짧지만 간단한 질의응답도 해보고 공실 정보를 물어본 건물의 건물주라는 사람이 당신에게 건물로 직접 와서 이야기해달라는, 생각지도 못한 콜드콜의 목적인 고객과의 '약속 잡기'를 성공하는 통화도 하게 될지도 모른다.

10통이 넘어가면서 숨쉬기도 편하고 스크립트도 익숙해지기 시작한다. 그날 정한 콜드콜 숫자를 다 달성하고 나면 놀라운 일이 생길 것이다. 조금 전과 완전히 다른 나를 발견하기도 하고 막상 끝낸 콜드콜은 아무것도 아니라는 것을 알게 된다. 물론 임자를 만나서 호된 거절의 파도를 맞을 수도 있는데, 그럴 때의 안전장치로 동료나 상사를 옆에 앉혀 둔 것이다.

중요한 것은 그 사람과 나 모두 서로 모르는 사이고, 전화를 주고받기 전에 악감정이 없는 상태라 나쁜 대응이 있다고 하더라도 나에 대한 거절이나 나에게 화를 내는 것이 아니라, 그냥 이사를 안 하거나 건물을 안 사고 안 판다는 표현이 좀 과한 것뿐이라고 생각하는 것이다. 우리도 그들의 상황을 모른다. 전화를 받은 사람에게 그날 나쁜 일이 있었다고 이해하고, 내 마음을 다독이며 별것 아니라고 생각하고, 다음 대상에게 전화를 거는 행군을 이어 나가야 한다. 콜드콜은 실제 나에게 일을 맡길 고객을 찾아 나가는 과정인데, 내가 전화를 거는 숫자는 실제 고객을 찾기 위한 확률을 높여주기 때문이다. 질(잠재고객)은 양(영업 활동의 숫자)에서 나온다는 것을 명심하자.

3. 가장 빠르게 반응하는 방법을 찾아라

'임기응변'은 저절로 되는 것이 아니다. 연습의 결과다. '연습 따로, 실전 따로'라고 생각하면 안 된다. 본격적으로 세일즈를 시작하기 전에 철저한 준비가 필요하지만, 완벽한 준비를 하겠다는 마음으로 시간을 끄는 것보다는 몇 가지 예상되는 고객 반응에 대한 스크립트(전화 시나리오)를 만들고 고객의 입장이 되어 동료와 아니면 나 혼자라도 역할을 바꿔가면서 롤플레이(역할극)를 해본다. 상황별 '스크립트+롤플레이+실행' 이 프로세스를 마음속에 새겨라.

그러다 보면 어느 순간 스크립트, 롤플레이가 없는 상황에서도 잘 대처하고 있는 자신을 발견하게 된다. 심지어 "지금 표현은 내가 생각해도 너무 좋은데." 하며 자신이 말을 잘한다고 느낄 때가 올 것이다.

나는 위와 같은 상황을 다음과 같이 표현한다.

테니스 라켓을 들고 경기장에 섰는데, 나는 혼자인데 반대편은 수십 명인 상황이다. 공이 여러 개 동시에 날아와도 다 쳐내는 실력을 보유, 심지어 내가 경기를 주도하고, 쉬고 싶을 때 이렇게 외칠 수도 있다. "타임(Time)!" 또는 "타임아웃(Time Out)!"

내가 경기를 주도할 뿐만 아니라 경기 자체를 선택할 수 있는 것이다.

4. 마케팅할 때는 항상 비용을 생각하면서 움직여라

부동산 비즈니스를 하는 사람은 자기 자신을 '사장'이라고 생각해야 한다. 월급날이 되면 다소 부족한 업무 성과가 있던 달이지만 급여가 나오는 일반 정규직 직장인과는 다른 삶이란 말이다. 부동산 에이전트는 결국, 더 벌기를 원하고 일한 만큼 보상을 바라는 '뇌 구조'를 갖고 있다. 그렇다면 그 뇌 구조에 맞는 '행동을 수반'해야 한다. 부동산 에이전트에게는 가장 큰 투자 항목이 '시간'이다. 시간이 돈이다. 이런 상투적인 말이 100% 인센티브 실적으로 일하는 에이전트에게는 생명과도 같은 의미가 된다. 경력이 쌓이고 실력이 높은 부동산 에이전트라면 자신의 시간당 생산성과 인건비를 항상 염두에 두면서 움직여야 한다.

카페에서 1시간 동안 친구와 즐겁게 커피를 마실 수는 있지만, 쓸데없는 활동에 1시간을 낭비한다면 1시간만큼의 자신의 인건비가 날아가고 그 때문에 목표한 연간, 월간 목표는 달성되지 않으리라는 것을 늘 인식해야 한다.

1억을 벌고 싶다면 한 달에 얼마를 벌어야 하는지 계산해 보고 나의 일당을 계산해 보라. 그 일당을 하루에 일하는 시간으로 나누면 내 시간당 일당이 나오고 내가 어떤 생산성을 만들어 내야 하는지 대충은 알 수 있을 것이다. 놀거나 쓸데없는 일을 하거나 내 시간만 잡아먹는 가짜 고객에게 속아 답사하고 밥과 차를 대접하고 2~3번 만나면서 헛된 영업 활동을 진척 지키는 그런 행동을 절대 하지 말라는 의미다. 날린 시간 때문에 펑크 난 매출 손실을 만회하기 위해서는 두 배 이상의 시간이 든다.

5. 차별화 포인트를 계속 생각하라

나만의 장점을 적는다.

나와 같은 바닥(필드)에서 일하는 경쟁자와 비교한다.

나만의 차별점을 3가지 정도 생각한다.

이렇게 생각해 봐도 좋다. '왜?'라는 단어다. 고객은 '왜?' 수많은 부동산 중에서 나에게 일을 줘야 하는지, 그것도 전속계약까지 체결해야 하는지를 말이다.

차별성, 특화된 점이 없거나, 있지만 표현이나 설명을 제대로 못하면서 거절당했다고 속상해하고 거절의 파도를 만났다고 기분 나빠 하면 안 된다. 특히 신입 에이전트 중에서는 자기 스스로 위축되어 고객에게 일을 달라는 이야기를 하는 데 머뭇거리게 된다. 이런 생각은 충분히 할 수는 있지만, 잘 생각해 보면 분명 경쟁자와 차별화되는 포인트를 몇 개는 찾을 수 있을 것이다. 그리고 자신이 가진 핸디캡을 극복하기 위한 전략도 세워야 한다.

삼국지에서 제갈공명이 10만 개의 화살을 하루 만에 만든 전략이나, 물의 신을 속이기 위해 사람 1만 명을 제물로 바치는 인신공양 대신에 사람 머리 모양의 음식(만두)을 만들어 속인 이야기 같은 것 말이다.

부동산 일을 시작할 당시의 나는 뚱뚱한 편이었는데, 정장도 내나이(그 당시 26살)에 맞는 멋진 정장이 아닌, 40대가 즐겨 입는 브랜드 매장에 가서 일부러 나이 들어 보이는 옷을 샀고, 나이 든 사람들이 선호하는 컬러의 넥타이를 매고 다녔다. 고객에게 '돈'과 관련한 거짓을 이야기하고 비윤리적인 속임수를 쓰는 것은 절대 해서는 안 되는 행동이지만, 어려 보이지 않으려는 외모를 역으로 가꾸는 행동이나 차를 사도 일부러 40대 아저씨가 가장 많이 구매한 소나타3를 사서 타고 다닌 점이 나의 노력 중 하나였다. 당시 28살이었던 내 사수(과장 직급)와 고객을 만나러 가면 사수의 명함을 받은 후 내 명함을 받은 고객은 항상 위아래를 쳐다보면서 "부장님이 같이 오셨네요."라고 말하고는 했다. 나는 명함에 대리, 과장 이런 호칭도 넣지 않고 영어로 매니저라고만 넣었는데, 이 역시 같은 이유에서 그랬다. '나이 들어 보이게 나를 만들기' 위함이었다.

6. 인바운드(Inbound)를 효과적으로 활용하라

마케팅의 방법 중 고객을 찾는 프로스펙팅(Prospecting: 잠재고객 찾기) 과정에서 전투적인 아웃바운드만을 강조하는 것은 아니다. 직접 고객을 찾는 적극적인 마케팅은 중요하다. 어떻게 보면, 다 알면서도 실제 행동으로 옮기지 못하는 가장 어려운 방법이기도 하다. 가장 어려운 방법이라서 계속 아웃바운드에 관해 강조하는 것이다. 그러면 인바운드 영업은 쉽고 해서는 안 되는 영업 방법일까?

당연히, 아니다. 인바운드는 고객을 찾는 아주 중요한 채널 중하나다. 프로스펙팅의 큰 축이다. 흔히 광고, 홍보를 통해서 가망고객이 나에게 문의하는 '반가운 고객 발굴' 채널이다. 하지만 큰 비용이 들고 자신이 직접 타깃을 정해서 고객을 찾아 나서는 것이 아니기 때문에 걸러지지 않는 불특정 다수에게 연락이 올 수도 있으므로 에이전트는 옥석을 가려서 접수하고 진행할 수 있도록 해야 한다. 즉, '변별력'이 요구된다.

따라서 아웃바인드라는 직접 마케팅을 영업의 주 활동으로 생각해서 실행함과 동시에 광고, 홍보를 통해서 고객이 먼저 나를 찾는 간접 마케팅도 효과적으로 활용하기를 바란다.

● 인바운드할 때 주의 사항

인바운드를 보조적 수단으로 활용해야 하는데, 주종이 바뀌면서 간접 마케팅 위주의 고객 발굴 방식으로 변화되는 것을 경계해야 한다. 간접 마케팅을 자신의 고객 발굴 채널로 고착시키면 영업력이 떨어진다. 영업력이 떨어지면 매출 또한 저하된다. 떨어진 매출을 높이기 위해서 더 많은 광고, 홍보비를 지출하는 악순환을 시작하지 말 것을 신신당부하고 싶다.

예를 들어 한 달에 중개 매출이 5~6천만 원 정도 나오는 부동산 공인중개사 사무실이 있다고 하자. 사무실을 운영하는 데 들어가는 임관리비 7~8백만 원과 직원 인건비를 제외하면 고수익을 올린 것으로 보이지만, 50% 이상을 광고비로 지출해서 실질적으로 순이익이 1천만 원이 안 되는 것이다. 괜찮다고 생각하는 사람도 있을 것이다. 부동산을 오픈하기 위해 묶이게 되는 보증금과 보증금보다 훨씬 큰 보장되지 않는 권리금, 인테리어나 집기 비용 같은 소멸

성 비용을 감안해서 수익률을 계산해 본다면, 위의 경우는 높은 수익이 아닐 것이다. 심지어 그런 상황은 10년을 해도 나아지지 않고 쳇바퀴 돌듯이 먹고만 살게 되는 것이다.

부동산 비즈니스를 시작한다는 것, 세일즈를 직업으로 삼는다는 것은 '먹고살기 위한 것'이 아니고 '잘살기 위한 것'이라는 점을 잊으면 안 된다. 영업력을 키우고 유지하는 것이 프로스펙팅의 핵심이다.

7. 콜드콜 리스트를 만들어라

"가장 효과적인 콜드콜 리스트는 어디서 구할 수 있을까요?"

"전화국(KT)에서 구하나요?"

콜드콜은 모르는 사람에게 거는 전화이다. 공실을 물어볼 수도 있고, 전속수주나 이사할 계획이 있는지를 물어보는 등 다양한 이슈로 전화를 건다. 큰 틀에서는 전화 통화가 아니라, 직접 건물이나 공사 현장을 찾아가는 것도 포함한다. 그렇다면 전화번호는 어디서 구할까?

이런 데이터를 판매하고 다니는 사람들을 만난 적이 있다. 그것도 아주 비싸게 판매하며. 단연코 이야기할 수 있는 것은 그런 데이터는 살 필요도 없고, 사도 소용이 없다는 것이다. 경력이 아주 오래된 사람이라면 사용할 수도 있겠지만, 그 역시 필요가 없다. 경력이 많고 실력이 좋은 에이전트는 이미 자신만의 고객 리스트가 있기 때문이다. 반대로 경력이 짧고 실력이 부족한 에이전트에게는 무용지물이다. 초등학생에게 오토바이를 타게 하는 것과 같다. 위험하며 쓸모가 없다. 심지어 그 오토바이는 고장 나 있을 수도 있다. 쉽게 무언가를 얻을 수 있다는 나쁜 유혹은 멀리하라.

자신이 파밍 과정에서 직접 수집한 전화번호를 사용하는 것이 효과적이다. 그 전화번호는 어느 건물의 건물주, 관리소장, 입주사의 전화번호이기 때문에 전화를 받는 사람은 내가 처음 접촉하는 사람이지만, 충분히 대응할 수 있는 전화 스크립트와 예상 질의응답을 만들 수 있다. 그만큼 효과적인 텔레마케팅(콜드콜)이 가능한 것이다.

누구를 대상으로 콜드콜을 하면 가장 효과적일까? 파밍 지역에서 활동하다 보면 공실이 있는 건물에는 임대 현수막이나 임대 사인이 붙어 있다. 그런 전화번호가 수집하는 번호 중의 하나다. 신축 공사 현장에는 공사 현황판이 있고 건물과 관련된 사람의 인적 사항이 적혀 있어 연락할 수 있다. 이뿐만 아니라 건물마다 로비 내부나 밖에 간판 형태로 건물 내 층별 임차인의 회사 이름이 붙어 있다. 이런 정보를 모두 모은다. 심지어 영업하면서 점심을 먹은 식당의 사장 명함까지도 수집하기를 바란다. 영업 특성상 현장에서 일하다 퇴근할 수도 있지만, 물리적 퇴근이 아니라 영업적 측면에서 퇴근이 되려면 온종일 움직인 활동을 '정리'해야 한다.

공실 정보는 매물장에 기록한다. 에이전트가 소속된 회사의 사내망이 있다면 사내망에 함께 기록해 동료들에게 홍보한다.

방문한 건물은 건물별로 별도의 폴더를 만든다. 폴더 안에는 낮에 찍은 건물의 주요 사진, 건축물 관리 대장 등 공부(공적 장부) 서류를 검색해 함께 보관한다. 이때 중요한 것은 스태킹 플랜(Stacking Plan: 층별 임차인 리스트, 입주사 조사표, 수직 MD 등 다양한 이름으로 불리고 다양하게 활용된다.)의 데이터를 하나씩 정리해두는 것이다.

하루에 10건의 신규 고객 발굴 활동을 전제로 한다면, 1일 기준으로 4~5개 건물의 건물 내 입주사를 방문하고 해당 건물의 관리사무소, 건물주와 미팅하면서 하루를 보내게 된다. 그날 방문한 건물의 임차인 리스트(건물 프론트 데스크의 인포메이션을 찍어온 사진 정도로도 괜찮다.)를 정리하면서 내일의 활동 자료로 쓸 수 있도록 낮에 방문한 건물 5개의 층별 임차인을 검색해 보고 홈페이지가 있다면 업종을 파악하고 연락처도 같이 정리해둔다.

'퇴근 전 의식'처럼 이런 정리를 반복한다면 매일 출근 후 하루의 시작을 해당 5개 건물 내 입주사 수십 개 회사에 콜드콜을 거는 것으로 시작할 수 있을 것이다. 생각보다 많은 부동산 에이전트가 출근해서 뭘 할지 정하지 않은 상태로 하루를 시작한다. 콜드콜 리스트를 만드는 과정은 영업 활동의 근간이며 수익의 원천이 된다는 것을 기억하자.

8. 어떤 질문에도 대답할 수 있도록 준비하라

매일 영업지역을 순회하며 영업하다 보면 항상 새로운 사람을 만나게 된다. 같은 동네에 건물을 가진 건물주라도 같은 사람이 없다. 생각이 다르고, 경험한 것이 다르다. 건물을 상속받은 것인지, 자수성가로 건물을 매입한 것인지, 사람, 상황, 건물 규모, 좋은 경험을 많이 한 고객, 나쁜 경험을 많이 한 고객인지에 따라 개별성이 강하다. 같은 동네 인근 건물이라도 건물주가 정한 가격, 건물주의 재력, 건물의 상태 등 하드웨어에 따라서도 개별 변수가 생기고 주변 임대 시장에 따라서도 다르다. 결국은 에이전트가 만나는 고객이 모두 다른 질문을 할 수 있다는 것이다. 생각만 해도 두려움이 생기는 대목이다.

모든 이슈에 정답을 준비할 수는 없다. 주기적으로 시장 트렌드를 조사하고 면적별 주요 건물의 임대료 변동 추이, 규모별 공실률, 임대차 마케팅이 성공한 건물의 임대 정책, 지역 내 주요 기업의 이동 사례 등 에이전트로서 주기적으로 업데이트할 수 있으면서 건물주나 지역 내 임차인이 공통으로 알아야 하는 부동산 시장 전반에 관한 내용을 위주로 조사한다.

그 외에 질문은 실질적으로 개별성이 지나치게 높을 수 있는데, 그 질문 중에서 전문성이 매우 높은 질문이 있다면 즉답보다는 "사내 관련 분야 전문가에게 더 자세하게 확인한 후 최적의 답을 드리겠다."라고 말하며 다음 미팅을 잡는 것도 방법이 될 것이다.

작은 계약이라도 계속하라

★ ★ ★

한 방을 노리지 마라

1. 매일 영업지역으로 나가서 파밍을 하라

내가 정말 자주 하는 표현이 부동산 영업과 야구를 비교하는 것이다. 부동산 일을 하는 사람 중에는 '한 방'을 노리는 사람이 많다. 큰 계약이 큰 수익을 발생시키기 때문에 그 결과만을 보고 부동산 일을 하는 사람들이 있다. 그들이 신입 에이전트일 때 나와 같은 선배를 만났다면 고쳐줄 기회라도 있었을 텐데, 보통은 그들 스스로 잘못된 착각의 늪에 빠져서 긴 시간을 낭비하고 업계를 떠나게 된다. 나는 그런 모습을 너무나 많이 봐왔다. 때로는 장시간 수익을 내지 못하는데도 마음속 깊은 곳에 자리 잡은 '부동산 홈런'을 쳐야 한다는 미련을 갖고 부동산 바닥에 남아 있기도 하다. 미련이 계속 남는 이유는 수익을 내지 못하는 에이전트 옆 동료는 큰 계약으로 성과를 내고 그 수익은 수억, 수십억인 경우도 있기 때문이다. 그런 모습을 바라보면서 마음속으로 생각한다. "아직 나에게 기회가 안 온 거야. 내게도 큰 계약이 찾아올 거야."라는 그런 믿음 말이다. 단연코 잘못된 믿음이다. 이뤄지지 않을 믿음이라는 말이다. 로또를 전혀 사지 않는 사람이 로또 1등을 꿈꾸는 것과 같다. 로또 1등에 당첨된 사람에게 당첨 비결을 물어보면 진짜 당연하게 대답한다. 로또 당첨 비결은 '로또를 산 것'이라고.

부동산으로 큰 수익을 내는 사람의 비결도 마찬가지다. '영업을 한 것'이다. 매일 영업지역으로 외근을 나가고 파밍 하면서 공실을 조사하고 임차인을 찾고 공실 조사에 응해준 건물주가 소유 건물을 팔 것이라는 이야기를 듣고 매매 전속계약을 체결하는, 그런 영업이 일상이 되어 있는 사람에게 큰 계약, 작은 계약이 수시로 찾아오는 것이다.

일상의 영업을 충실히 하는 에이전트는 홈런만을 노리지 않는다. 그들이 중요하게 생각하는 것은 '출루'다. 영업으로 비교하자면, 출루는 영업하기 위해 외근을 나가는 행위이자 고객을 만들어 나가는 과정이다. 그 과정에서 임대, 매매, 컨설팅 등 다양한 이슈가 생길 것이다. 일단은 1루로 나가야 홈으로 들어올 수 있다. 홈으로 들어온다는 것은 타점을 내는 것이니 부동산에서는 '계약 성사'라고 볼 수 있다. 이렇게 1루로 나간다는 마음으로 꾸준히 잠재고객을 만들어 나가는 과정이 쌓여서 앞서 이야기한 영업의 양이 충분히 늘어나고 통계적으로 계약이 무조건 나올 정도로 고객 접촉 건수가 넘어가는 에이전트가 타점을 내는 것이다. 이런 에이전트가 만들어 내는 계약은 어느 순간 폭발적으로 늘어나고 커지기 시작한다는 것이 중요한 점이다. 이렇게 준비된 에이전트가 컨디션이 좋은 그 어느 날 타석에 섰을 때, 투수가 던진 야구공이 느리게 보이고 농구공 만하게 보이는 날이 온다. 때로는 투수의 실수를 놓치지 않는 눈썰미까지 생기는 것이다. 그날 그 에이전트는 '만루 홈런'을 치게 된다. 자신의 부동산 영업 역사에 평생 남을 '큰 계약'을 만들게 된다는 뜻이다.

부동산 세일즈에는 홈런은 없다. 홈런만을 노리는 사람에게는 삼진 아웃만이 기다릴 뿐이다. 중요한 것은 1루로 나가는 것이다. 출루가 성공의 시작이다. 출루(영업)는 하지 않고 홈런만을 노리면서 아직 자신에게 때가 오지 않았다고 생각하는 사람들에게 말해주고 싶다.

"당신이 은행 업무를 보기 위해 은행을 방문해 번호표를 뽑았는데 번호는 6,444번이라고 가정해 보라. 당신은 지금 업무를 보고 있는 사람의 번호를 쳐다볼 것이다. 55번이다. 당신 차례가 올 때까지 기다리겠습니까?"

답은 '아니요'이다.

지금 당신의 손에 쥐어져 있는 번호표는 6,444번이다.

오늘 은행 문이 닫힐 때까지 당신의 순서는 오지 않을 것이다.

2. 생활비를 버는 소중한 마음을 잃지 말자

우리는 큰 계약도 하고 작은 계약도 하는 일을 반복하면서 돈을 관리한다는 것이 상당히 어렵다는 것을 알게 된다. 어느 정도 영업이 궤도에 올라 통장 잔고가 최소 6개월에서 1년 정도 유지되고 있다면 그 안정감으로 더욱 즐겁게 일에만 몰두할 수 있을 것이다. 신입 에이전트의 경우에는 일을 시작하고 자리를 잡아 나가는 과정에서 들쑥날쑥한 수입의 그래프를 안정화해야 한다.

일반적으로 사업을 시작할 때 자본금, 운전 자금 등 투입하는 비용 대비 손익분기를 계산하게 되는데, 부동산 에이전트를 직업으로 선택해서 일하는 사람들은 보통은 특정 부동산 회사에 입사(합류)해서 회사와 매출을 배분하는 방식으로 일하기 때문에 실제 큰돈을 투자하지는 않고 부동산 일을 시작하는 경우가 많다. 이때 주의할 점은 일이 안착하기 위한 초기 6개월 정도의 생활비와 영업비용은 확보되어 있어야 한다는 것이다. 일을 시작해서도 마련된 자금을 까먹는 달이 있더라도 2달 이상 계약이 안 나와서 자신의 준비 자금을 까먹는 일이 없도록 경계해야 한다. 일을 시작한 날부터 6개월 정도는 촘촘한 '매일매일의 영업 관리'를 통해서 밀도 있고 매우 생산성 높은 업무 강도를 유지해 생활비를 걱정하는 단계를 빨리 벗어나길 바란다. 그 기간을 놓치면 우주 속에 조난된 우주선과 같이 방향성을 잃은 황망함만이 남을 것이다.

초기 6개월, 180일은 '내 인생에서 이 180일은 없다'라고 생각하고 일에 몰두하라고 권하고 싶다. 매월 꾸준한 매출을 올리는 업무를 선택해야 하고 일정한 매출 이상이 나올 수 있도록 영업의 타깃과 액션 플랜을 철저히 세워야 한다. 일 단위로 관리해야 한다. 매월 500만 원의 순수익을 만들어 내야 한다고 가정하는 사람과 1,000만 원을 벌겠다는 사람의 업무량이 같을 수 없다. 원하는 매출의 규모가 커지면 영업 타깃의 규모도 커져야 한다. 규모가 큰 고객은 말 그대로 대기업이거나 규모가 큰 건물일 경우가 대부분이기 때문에 더 큰 수익을 내기를 원하는 에이전트라면 큰 고객과 큰 건물을 진행할 수 있는 전문성과 열정도 같이 키워야 할 것이다.

3. 모든 시간을 써라

부동산 에이전트에게 '월화수목금금금'처럼 일하라고 하고, 특히 '신입 에이전트'에게는 부동산 일을 시작하고 초기 180일 정도는 일에만 몰두하라고 말한 궁극적인 이유는 뭘까?

결국은 진정한 자유를 갖기 위해서다. 돈에서 해방되는 건 쉬운 게 아니다. 부동산 일을 시작했다면 '내 부동산 영업 일지'를 써보기를 바란다. 나에게 주어진 24시간 중, 자는 시간을 빼고는 모두 '일'에 투입하라. 자는 시간에도 꿈은 부동산 영업을 하는 꿈을 꿔야 한다. 초기 180일 동안은 주말에 어디 가고, 저녁에 친구나 지인을 만나서 놀고, 특히 술 마시는 건 자제해야 한다. 다음 날까지 이틀을 망친다. 워라밸(일과 삶의 균형) 같은 말은 아예 생각하지도 마라. 이민을 왔다고 생각하라. 180일만 참기를 바란다. 하루에 16시간을 일하면서 주 6일(일요일은 몸을 챙겨라. 대신 머리로는 부동산 영업의 엔진 예열은 계속한다.) 96시간을 일하라는 의미다.

영업이 숫자로 결과를 예측할 수 있을까? 답은 '그렇다'이다. 그만큼 부동산 중개를 기반으로 하는 '거래'를 다루는 부동산 일은 '숫자', '통계'가 들어맞는 직업이다. 정직한 직업이라고 내가 늘 이야기하는 이유다. 내 몸이 움직인 만큼 결국은 돈을 벌게 되는 것이다.

3~4억을 투자해 카페, 편의점, 1층에 부동산 공인중개사 사무소, 기타 가맹점 등을 오픈한다고 생각해 보라. 어차피 당신은 주 96시간 일해야 한다. 심지어 그 가게를 닫을 때까지 그렇게 일해야 한다. 더 숨 막히는 시나리오다. 그런데 절대 3~4억을 투자한 카페가 월 매출에서 비용을 제하면 월 1천만 원 이상의 수익을 당신에게 가져다주지 않는다.

어느 중개법인이나 부동산 회사에 합류해서 부동산 비즈니스를 한다면 당신이 월급 받는 직장인으로 일하는 조건은 아니라 하더라도, 당신이 실제로 투자해야 하는 돈은 없다. 이 일을 시작하는 진입 장벽은 상당히 낮다. 장벽이라는 표현보다 부동산업을 시작하기 위한 '금(Line)'이라고 표현하고 싶다. 금은 그냥 쓱 넘어올 수 있다. 그렇게 쉽게 진입할 수 있고, 돈을 투자하지 않아도 큰돈을 벌 수 있는 좋은 직업이다.

그러나 세상에 공짜는 없는 법. 당신도 투자할 건 있다. 당신의 시간, 열정, 반년의 생활비다. 반년을 공부하며 이 일의 전문성을 익히는 동안 2~3개월 까먹던 통장 잔고를 원래 있던 돈의 몇 배로 만든다고 생각하고 몰입하라. 극도의 몰입을 통해 단기간 특정 분야의 전문가가 되는 것은 어려운 일이 아닐 것이다.

반년 동안 일 년 이상 일하는 것보다 더 많은 시간을 '부동산 업무'를 익히는 데 써라. 그렇게 한다면 자리를 잡은 후 당신이 원래 원하는 삶을 오래도록 누리며 살 수 있을 것이다. 경제적인 진정한 자유, 미래에 대한 불안감 해소, 내가 나의 일상을 기획하고 내가 원하는 만큼 일하고 내가 내 인생을 즐기기 위해 필요한 시간과 돈을 자유롭게 쓸 수 있게 된다는 이야기다.

4. 무엇을 하든 부동산 관점에서 해석하라

부동산업을 직업으로 삼은 사람이라면 시간을 재정립할 필요가 있다. 누가 9(출근 시간) TO 5(퇴근 시간)라는 업무 시간의 정의를 내렸단 말인가?

깨어 있는 시간이 영업시간이고(당연히 건강을 관리하기 위한 수면, 식사와 휴식 시간을 충분히 확보해야 한다.) 24시간 머리는 부동산, 부동산, 부동산을 생각하며 안테나를 세우고 살아야 한다.

우리가 일어나 집(부동산)을 나서서 출근(부동산)하고 파밍(영업 대상인 부동산이 몰려 있는 나만의 영업용 농장)을 나와서 건물주(부동산 주인)와 임차인(부동산 사용자) 등 무수히 많은 사람(저녁이면 부동산으로 퇴근하는 사람들)을 만나며 하루를 보낸다는 것을 인식해야 한다. 가끔은 친구와 카페(부동산)에서 만날 수도 있고 주말이면 미용실(상가인 부동산)에도 갈 수 있고 가족과 외식(레스토랑인 부동산)을 할 수도 있을 것이다. 가끔은 휴가를 내서 바다를 가기도 할 텐데 바닷가의 예쁜 카페(바닷가 부동산)에서 가족이나 연인과 커피를 마시면서 낭만적인 시간을 보내기도 할 것이다. 열심히 일해서 번 돈이 저축되어 있을 텐데 속초 바닷가 카페에 푹 빠지다 보면 바닷가 빈 땅(나대지인 부동산)이 눈에 들어오고 내가 한 번 사볼까 고민도 해 볼 것이다. 부동산 에이전트는 자기 삶과 일이 아주 끈끈하게 묶여 있는 세트라는 생각을 항상 하고 살아야 한다. 무슨 상황이나 사람을 만나더라도, 책을 읽거나 유튜브를 보더라도 내 눈과 귀, 머리에 입력되는 모든 것을 '부동산'이라는 관점에서 해석하려고 연습해 보라.

퇴근 후, 뉴스를 보다 가도 가망 임차인을 찾을 수 있는 아이디어를 얻을 수 있을 것이다. 어떤 기업이 투자받았다든지, 합병한다든지, 경영이 악화하였다든지 등의 다양한 뉴스 속에서도 이면에는 언급하지 않은 부동산 이슈가 존재하기 때문이다. 잘나가는 기업은 항상 부동산 매매나 확장을 위한 사무실 추가 임대차 이슈가 있을 수 있다. 못 나가는 기업도 마찬가지다. 힘들면 팔게 되어 있다. 무엇을? 부동산을!

24시간 잠수함의 잠망경처럼 부동산 안테나 하나 정도는 공중에 띄워 둬라.

★　★　★

항상 어제보다 나은 오늘을 고민하라

1. 자기 성장을 위한 '마음의 끌탕'을 해야 한다

큰 계약을 진행할 때 클로우징에 가까워지면서 계약의 당사자들 사이(매수/매도, 임차/임대)에 핑퐁(조건 협상)을 거듭하다 보면, 계약이 깨질 것 같은 위협과 힘의 균형이 깨질 듯 말 듯 한 시간이 이어진다. 보통 큰 계약이나 기업 간의 거래에서는 일반 중개 형태로 진행하는 경우는 드물다. 거래 당사자 양쪽을 각각 대리(일방 대리)하는 에이전시가 존재한다. 이해관계가 크기 때문에 쌍방 대리는 불가능하기도 하다.

몇 년 전 테헤란로에서 한 층의 실면적이 250평(임대 면적 약 500평) 되는 건물의 7개 층 임대차 계약을 했다. 전체 임대 면적은 약 3,500평에 달했다. 임대료는 평당 14만 원 정도였다. 단순 계산해서 월 임대료만 약 5억 원, 관리비는 약 1억 6천만 원이었다. 당시 높은 공실률로 인해서 빠른 공실 처리를 독려하기 위해 임차인 유치를 위한 임대차 컨설팅 용역 수수료는 월 임대료의 200%였으니 작은 계약이 아니었다. 이런 계약을 앞두고 일하면 신경이 너무나 예민해지고 아주 작은 상대방의 움직임에도 날카롭게 대응하게 된다. 겉으로 웃고 있지만 칼날 위에 서는 것이다. 그런 '마음의 끌탕'이 거듭된 결과로 클로우징되고 계약서 작성이 끝나면 그런 날의 저녁은 다시 생각해도 행복함 그 자체다.

좋은 의미에서 에이전트는 이런 마음의 애절함을 경험해야 한다. 대학 시절에 좋아하는 사람이 생겨서 매일 쳐다보면서 고민 고민을 거듭하다가 편지라도 써서 아주 힘들게 전했는데 답이 안 오고 기다리는 그런 심정을 상상해 보라. 프러포즈한 애인에게 속 시원한 답을 못 듣고 시간이 흘렀던 그런 경험이 있다면 그때를 회상해 보라. 부동산 계약 전, 마음의 끌탕은 단연코 더 힘들다.

2. 가끔은 일찍 일어나는 나와의 약속 주간을 만들자

큰 계약이나 중요한 아이디어가 필요한 날이 있다. 이럴 때를 대비해 평소보다 일찍 일어나는 나와의 약속 주간을 만들어 최고의 컨디션을 유지하는 것이 좋다. 최고의 컨디션으로 정비된 자동차와 최상의 컨디션을 유지한 레이서가 만나야 최고의 자동차 경주로 이어지는 것처럼 말이다.

영업 활동은 부동산 에이전트의 근무 시간과 다르게 9~6시 사이에 발생한다. 물론 개인 고객은 오전 9시 전, 오후 6시 이후, 주말을 가리지 않고 대면 상담을 요구할 수도 있고(전속 용역 계약서에 구체적으로 주말이나 출근 전 시간에 업무보고를 요구하는 경우도 있다.) 전속 건물에 붙여 놓은 임대 사인(임대 현수막, 각종 임대 안내 자료 등)을 보고 건물 문의를 하는 고객은 에이전트의 시간 따위를 염두에 두지 않는다. 밤 11시, 아침 6시에도 숱한 전화를 받았던 기억이 난다. 그래도 대부분 문의나 상담이 오전 9시에서 오후 6시 사이에 이루어진다는 점은 다행이다.

부동산 에이전트는 운동 경기의 수비수와 같다. 공격에 대비해 제대로 수비하려면 몸과 마음의 컨디션이 좋아야 하는 법이다. 8시에 일어나서 허겁지겁 사무실로 세이프를 외치며 들어가는 사람치고 탑 프로듀서(우수 실적자)가 되는 꼴을 못 봤다. 자고 일어나자마자 계약서를 읽는 것과 마찬가지다. 남의 돈을 다루는 직업이라는 점을 명심하자. 과학적으로 우리의 뇌는 잠에서 깨어나 3시간이 지나야 100% 기능을 발휘한다고 한다. 이점을 참고해서 기상 시간을 정하기를 바란다.

3. 여우같이 얇실하게 생각하고 행동하자

'얇실하게'는 내가 자주 사용하는 단어다. '얇실'이라는 단어에는 좋은 의미와 나쁜 의미가 다 포함되어 있지만, 나는 이 단어를 '내 시간과 에너지 자원을 최고로 영악하게 쓰라'는 의미에서 좋아한다.

부동산 세일즈는 사람과 사람 사이에서 일어나는 일이다. 에이전트와 고객, 고객과 고객, 에이전트와 에이전트&제3의 관련자가 얽혀 있다. 이 사이에는 '인간관계'라는 것이 존재한다. 인간관계를 만들고 유지하는 데는 상당한 노력이 필요하다. 그중에서 시간 측면에서 이야기해 보려고 한다.

영업하다 보면 온종일 사람들 사이에 껴서 살게 되는데 주변에 사람이 많지만, 경쟁도 심하고 군중 속 외로움 같은 것이 느껴질 때가 있다. 어떻게 보면 외로운 직업이다. 이럴 때일수록 나에게 좋은 영향을 줄 사람을 주변에 많이 둬야 한다. 힘들 때 놀자고 위로하는 것이 아니라 격려해주고 넘어지면 손을 내밀어줄 사람을 많이 만들라는 뜻이다. 그런 '약'이 되는 사람은 평소에 내가 어떻게 영업하는지 다 지켜보고 있다. 자신의 영업이 바빠서 내색을 안 하고 아는 척을 안 하고 있을 뿐이다. 그런데 희한한 것은 내가 힘이 들어 지칠 때, '블랙 캔커피에 힘내라는 포스트잇을 붙여서 주는 사람들'은 항상 그런 사람들이다. '자기 스스로 항상 바쁜 사람들'에게 캔커피를 어깨 너머로 슬쩍 받았다면 당신은 지금은 힘들지만, 옳은 방향으로 전진하고 있는 것이다. 당신의 방향성이 바르다는 방증이다.

항상 기억하자. 혼자서는 큰 프로젝트를 할 수 없다. 언제든 합쳤다 찢어짐을 믿고 반복할 수 있는 실력 있는 동료를 옆에 만들어라. 만드는 방법은 그냥 내가 눈에 띄게 열심히 하고 있으면 된다. 알아서 나와 닮은 사람들이 옆에 모일 것이다. 같은 회사에서 일하는 주변 사람들에게 자신이 열심히 하는 에이전트임을 확신시키지 못하는 사람은 절대 고객을 설득할 수 없다. 고객은 늘 옳고, 우리보다 똑똑하기 때문이다. 수십억, 수백억을 가진 자산가들의 재산 증식 과정의 치열함을 우습게 생각하면 안 된다.

다음으로, '얇실함'에 관한 이야기를 해보겠다. 내 에너지와 시간을 파먹는 존재를 피해야 하는 방법이다. 그 방법이 '얇실함'이다. 구렁이가 담벼락을 넘어가듯이, 산들바람이 경복궁 담벼락을 타고 흐르듯이, 한강 물이 영동대교 아래를 유유히 흐르듯이 피해야 한다. 무엇을 피해야 하는가? 바로 '에너지 뱀파이어'다.

내 소중한 시간을 빼앗아 가는 사람, 내 의지를 약화하는 응원을 해주는 사람 등 유형도 다양하다. 에너지 뱀파이어는 신입 에이전트가 좌충우돌하며 열심히 파밍 하면서 돌아다니다 저녁 6시가 다 되어 하루의 영업을 정리하기 위해 야근하러 들어오는데 이런 이야기를 멋지게 해준다.

"연우 씨, 영업이라는 게 다 때가 있어요. (커피믹스 한 잔을 타주면서) 저녁 6시 다 돼가는데 차 막히기 전에 퇴근해요. 다 먹고 살려고 하는 일인데 밥은 먹고 살아야지."

영업을 처음 시작하는 신입 에이전트라면 절대 부드러운 목소리로 나의 힘든 영업을 위로해주는 사람을 옆에 두지 마라. 돈은 좋은 사람과 같이 버는 것이 아니고 잘하고 열심히 하는 사람과 같이 버는 거다.

나는 과거 큰 실적을 낸 계약 중에는 평소에 세상에 둘도 없을 천하의 원수 같은 사람과도 그 사람의 전속 건물이 좋고 내 고객에게 딱 맞는 물건이면 싫고 좋고를 떠나서 전화를 걸어 만났다(속마음은 중요하지 않았다. "부장님, 잘 지내시죠? 임대 중이신 건물 8층에 제 고객을 답사해도 될까요?").

회사에서 사장만큼 오랜 경력자인데 뭐 하는지 모르는 사람, 겉으로는 너무나 좋은 선배인데 내 기를 빼는 사람, 차가 막힌다고 10시쯤 출근해서 무슨 맨해튼의 노천카페에서 에스프레소를 마시며 월스트리트 저널을 보는 느낌으로 사무실 구석에서 커피믹스와 함께 신문의 정치면을 정독하는 사람은 절대적으로 피하기를 바란다. 얄실하게, 아주 부드럽게 웃으면서 그들을 피하라.

영업하면서 돈을 못 벌어서 회사를 떠나는 에이전트를 수천 명을 보면서 살아왔다. 그런데 힘들고 일이 고되지만 통장에 돈이 쌓여서 그만두는 사람은 못 봤다. 회사를 그만두는 사람의 이유는 딱 하나다. 돈이 안 벌리는 경우다. 자기 나이대의 샐러리맨들이 버는 연봉의 2배, 5배, 10배를 벌기 시작하면 뇌는 자신을 속여준다. 힘이 하나도 안 든다고.

신입 에이전트에게는 정말 중요한 6개월 정도 초심자의 운을 남에게 갖다 바치지 마라. 에너지 뱀파이어를 구분해야 한다. 위로가 되어주는 사람은 옆에서 같이 땀을 흘려주는 사람이다.

당신과 빌 게이츠 같은 부자와 주어진 시간은 같다. 심지어 일론 머스크는 하루에 17시간이나 일한다고 한다. 가혹하더라도 나에게 일로써 채찍질하고 더하라고 이야기하는 사람을 옆에 둬라 (단, 빈정거리는 사람과는 상종하면 안 된다).

4. 자기 성장을 위한 배움을 게을리하면 안 된다

영업하는 사람이라면 성과라는 단어가 항상 따라다닐 것이다. 이것은 '돈'에만 해당하는 단어는 아니다. '자기 성장'을 동반한 고소득 창출이어야 한다. 다른 직업도 마찬가지지만, 부동산업은 더 큰 돈을 벌기 위해서는 더 큰 프로젝트를 진행해야 한다. 단순히 건물이나 토지 크기만 커진다고 큰 프로젝트인 것은 아니지만, 부동산 자체가 크다 보면 정말 공부해야 할 것이 많다. 오죽하면 1만 평 정도 되는 건물은 회사의 형태를 갖춰 임대, 시설, 자산관리 등 다양한 분야로 나눠서 관리하겠는가. 실제 1만 평 정도 규모의 건물은 '종합 예술'이라고 불러야 할 만큼의 종합적인 시스템으로 관리하는 세상이다.

2022년 기준, 테헤란로 대로변의 1만 평 규모의 건물 매매 가격은 4천억 원 수준이다. 벤츠S 클래스 자동차 4,000대 값이다. 주먹구구로 운영될 턱이 없다. 그런 건물을 상대로 임차인을 유치하고, 자산관리를 제안하고, 시설관리 등의 이슈를 상담하고, 가치 상승 전략에 답하고, 매매 상담하고, 부자 건물주 자녀의 꼬마빌딩 매입 상담을 하기까지 너무나 많은 이슈가 있다. 배우는 데 소홀하면 이와 같은 것에 대응할 수가 없다.

나를 홍보하라

★ ★ ★

개인 프로필 만들기

1. 어디서든 나를 홍보하라

어디를 가든지 명함, 회사 소개서, 개인소개서는 필수다. 휴가를 가더라도 업무용 상의를 갖고 다니라고 이야기했던, 내 첫 직장의 대표님 말씀이 시간이 가도 잊히질 않는다. 청바지와 반팔 티를 입고 있더라도 상의만 걸치면 캐주얼 미팅은 할 수 있지 않은가?

영업해야 하는 순간은 언제 찾아올지 알 수 없다. 정확히 표현하자면, 내가 영업해야 한다고 생각하는 순간은 모두 영업시간이다. 카페에서 친구를 만나도 바리스타(가게 주인)에 관심이 가야 한다. 그리고 항상 물어보는 습관을 지녀야 한다. 질문이라는 것을 해야만 '답'을 들을 수 있다는 점을 명심하자. 깨어 있는 순간은 어떤 상황이라도 '부동산'과 연결해서 생각하는 습관을 들인다면 언제나 내 옆에서도 고객을 만들 수 있을 것이다.

카페에서 다음과 같은 대화로 질문을 시작해 보자.

"커피 정말 맛있네요. 카페 사장님이세요?"(사장인지 확인하는 습관을 지녀라.)

(답을 들은 후에는 항상 명함을 주고받는다. 나는 명함을 주었지만, 상대방이 주지 않으면 명함을 요청한다.) "저도 명함 하나 주시겠어요?"

"확장이나 2호점 내실 생각 없으세요?"(부동산 이슈는 가게가 '잘돼도, 안 돼도' 존재하기 때문이다.)

고객이 될 사람이 나에게 먼저 다가오도록 유도하는 것도 중요하다. 내가 어떤 일을 하는 사람인지를 궁금하게 만들어라. 눈빛을 느끼면, 그다음 명함을 건넨다.

타고 다니는 차에 자신이 부동산업을 하는 사람임을 알린다. 아주 예쁜 디자인으로 회사 로고를 자동차 양쪽 문에 붙이는 방법도 있다. 특히 미국에서 활동 중인 에이전트는 자신과 자신이 속한 회사의 브랜드를 알리는 것에 주저함이 없다. 튀는 차는 내 눈에만 튀는 것이 아닐 것이다. 질문을 유도하라는 말이다.

"저기요, 부동산을 하시나 봐요?"

이렇게 질문을 듣는다면, 힘든 콜드콜 전화 10통보다 큰 효과가 나타나는 것이다.

2. SNS를 활용하라

시대에 맞게 마케팅도 시대의 파도를 타야 한다. 부동산업은 거래 금액이 많다. 큰돈이 거래된다는 의미인데 상대적으로 다른 사업 업종보다 거래 당사자의 연령대가 높은 편이다. 재미있는 것은 부동산을 중개하는 에이전트(공인중개사, 컨설턴트 등)도 연령대가 높은 사람이 많다는 것이다. 불과 10여 년 전까지만 하더라도 매수자와 매도자 양측의 연령대가 비슷했다. 그런데 요즘은 매수자를 중심으로 연령대의 균형이 깨지고 있다. 부동산 거래를 업으로 하는 사람보다 고객이 나이가 어린 경우가 많아지고 있다.

젊은 고객은 사고 싶은 부동산을 찾는 방식이 다르다. 무작정 발품을 팔면서 동네 부동산을 돌아다니는 옛날 방식을 선호하지 않는다. 좋은 매물은 동네 부동산에 생각보다 많지도 않다. 그러면 어디에서 좋은 물건을 찾을 것인가? 어디에서 고객은 자신에게 좋은 부동산을 소개해줄 부동산 회사를 만나게 되는가? 이 점에 주목해야 한다.

부동산 에이전트가 수행하는 업무는 물건 찾기, 고객 찾기의 파밍이 전부가 아니다. 판매할 상품과 고객을 매칭하면서 계약하는 것이지만, 내가 보유한 원장(고객 리스트, 매물) 안에서만 매칭되는 것이 아니다. 계약하기 위해서는 반쪽을 찾기 위한 홍보, 마케팅을 해야 한다. 즉, 부동산 에이전트는 홍보 전문가이기도 해야 한다.

이제는 신문 광고로 건물을 사고파는 확률은 매우 낮다. 편의점에서 신문을 구하기가 힘들다. 보는 사람이 적다는 것은 마케팅 채널의 기능도 적다는 뜻이다. 심지어 요즘은 공중파 TV도 잘 안 보는 시대다. 나도 집에서 넷플릭스, 유튜브를 보고 공중파 TV 방송 중 내가 좋아하는 드라마도 재방송으로 넷플릭스나 유튜브 편집본으로 본다.

그렇다면 부동산 마케팅을 시대에 맞는 채널을 이용한다면 어디에 해야 할까? 답은 모든 채널을 사용해야 한다. 단 효과가 좋은 채널을 중심으로 홍보 마케팅을 진행하고 나머지 채널에는 퍼다 나른다. 먼저 부동산 홍보 마케팅 채널로 효과가 있는 블로그를 활용한다. 블로그에 나의 매물만 홍보하기보다는 내가 전문가로서 일하는 모습이나 일하는 방식 등을 자연스럽게 보여준다. 이런 일상과 매물을 적절히 조합한 활동을 글과 그림으로 보여주듯이 이 내용 그대로 유튜브에 영상으로 올린다.

SNS 활동은 이제 필수다. 즐기면서 하다 보면 생각보다 많은 고객이 유튜브 영상을 보고 연락하고, 인스타그램이나 페이스북의 DM이나 메신저를 통해 문의해 온다. 최근 프롭테크(Proptech: 부동산과 IT가 결합한 부동산의 신산업군)가 활성화되면서 채널도 다양해지고 마케팅도 보통 공부해서는 될 일이 아니게 되었다.

우선, 모든 채널을 나열하고 가장 효과적인 채널을 앞에 세우고 포스팅을 시작해 보기를 권한다. 내 주변에는 좋은 계약을 한 에이전트가 많은데, 내가 유튜브에 성공 사례를 올려 보라고 하면 나중에 한다고 한다. 그렇게 몇 달 지나면 손님이 없고 계약이 안 나온다고 한다. 요즘 세상에 유튜브도 안 하고 SNS도 안 하면서 고객이 없다고 이야기하면 안 된다. 마치 아이돌이 새 음반을 내고 홍보를 위해 인터넷도 안 되고 관객도 하나도 없는 섬에서 콘서트 하는 그런 느낌이다. 누가 보고 듣는단 말인가?

3. 부동산 전문가로서의 변별력을 갖춰라

모든 정보는 이제 심하다고 할 정도로 오픈되어 있다. 스마트폰을 열어 보라. 앱스토어 검색창에 부동산을 검색하면 엄청난 앱이 우리를 기다리고 있다. 내가 관심을 두거나 영업하고 있는 지역의 거래 사례, 매물, 재건축 예측, 가설계, 시설 견적, 임대차 중개, 건축 설계, 시공 등 부동산의 라이프 사이클이라고 이야기할 수 있는 계획에서 공사, 임대차, 자산관리, 시설관리, 노후 건물 리모델링, 매매 등 모든 분야의 전문가가 앱을 만들어 운영하고 있다.

이제 부동산 에이전트의 영업 폭도 상당히 줄어드는 것이다. 일반적인 가망 고객이 에이전트와 같은 수준의 정보를 확보할 수 있다는 의미다. 그렇다면 이런 시대에 부동산 전문가인 부동산 에이전트로 활동하려면 어떤 차별성을 갖춰야 할까? '변별력'까지는 고객이 갖고 있기 힘들다. 넘쳐나는 정보 속에서 우리 고객에게 딱 맞는 솔루션을 골라내고 정리하는 능력과 거래의 기술(협상력) 등은 에이전트에게 아직 남은 역할이다. 남은 역할을 사수하기 위해서는 더욱 치열하게 공부하고, 공부하고, 또 공부해야 한다. 이제 적당히 준비해서는 부동산업으로 먹고살기 힘들어질 것이다.

★　★　★
소셜 미디어의 시대

1. 개인의 능력이 기업을 압도하는 세상이다

남녀노소를 막론하고 자신이 즐겨 보는 유튜브 채널 하나쯤은 있을 것이다. 좋은 콘텐츠를 만들어서 구독자를 확보한 유명 유튜버는 상당한 수익을 내고 있다. 생활비를 버는 차원이 아니라 기업의 수준으로 성장하기도 한다. 재미있는 것은 개인 유명 유튜버에게 기업이 마케팅을 의뢰하는 현상도 두루 일어난다는 것이다. 개인이 만든 콘텐츠로 얼마든지 기업과도 경쟁이 되는 세상이 도래하였다. 심지어 요즘은 TV가 없는 집도 많다. 정확히 이야기하자면, TV 대신 대형의 고급 모니터가 있다. 공중파 TV를 보는 용도가 아니라 넷플릭스, 유튜브, SNS, 게임 등을 하기 위해 존재할 것이다(우리 집도 그렇다).

그렇다면 부동산업을 하는 것에 SNS(소셜 미디어)는 얼마나 큰 영향을 미칠까? 매우 큰 영향을 끼치고 있고, 앞으로 그 영향은 더 확대될 것이다.

"에이, 누가 유튜브 보고 수십억 건물을 사겠어?"

이런 생각이 아주 조금이라도 있다면 당장 버리기를 바란다. 이미 그런 세상에 와 있다. 처음부터 잘하는 일은 없다. 오늘 당장, 스마트폰을 열고 유튜브, 페이스북, 인스타그램, 링크드인 등 무수히 많은 SNS의 계정을 만들기 바란다. 당장 포스팅을 올리지는 않더라도 검색은 할 수 있어야 한다. 더불어 부동산 프롭테크 기업의 앱도 다운받아 회원가입한 후 검색하고 활용해 보기 바란다. 사용자로서 활용하다 보면 익숙해질 것이다. 익숙해지고 도전 의식이 생겼을 때 영상을 촬영해 포스팅도 하고 글도 쓰면서 연습해 보자.

SNS 채널은 부동산 마케팅과 이제는 떼어놓고 이야기하기 힘든 세상이니 반드시 익히고 활용하기를 바란다.

● SNS 활용 팁

- 콘텐츠의 성격을 업무용 70%, 개인용 30% 정도 비중으로 업로드하는 게 좋다.
- 페이스북의 경우 글자 80자, 사진 2~3개(동영상 1개 포함)가 스마트폰 페이지에 최적화된 사이즈이다.
- 부동산은 블로그를 주로 많이 이용한다.
- 블로그 주제는 미래상, 답사, 파밍 설명, 지역 설명, 기사 등을 다룬다.
- 블로그와 페이스북 등을 교차 편집하여 올리면 팔로워를 빨리 늘릴 수 있다.

2. 미디어별로 각기 다른 활용법이 필요하다

SNS는 이제 홍보, 마케팅 분야에서는 빼놓고 이야기하기 힘든 중요한 채널이다. 다양한 채널이 존재하므로 채널별로 사용자의 연령대, 사용법, 효과가 다르다. 당연히 홍보를 진행할 때도 다른 방법을 사용해야 한다.

예를 들어 페이스북은 자기 얼굴이 들어간 사진을 올리는 것이 효과적이며 스마트폰으로 보는 사람이 대부분이기 때문에 스마트폰 화면에서 잘 보이도록 글의 양도 조절하여 포스팅을 올리는 것이 좋다.

인스타그램은 페이스북보다는 연령대가 낮고 진지한 글보다는 감성적 사진 위주의 짧은 글이 선호된다. 특히 인스타그램, 페이스북 모두 짧은 영상도 올릴 수 있기 때문에 적절히 비율을 조정해서 사용하면 된다.

유튜브는 영상의 길이에 제한은 없지만, 채널의 이름을 정하고 해당 채널의 정체성에 맞는 영상을 정기적으로 계속 올려야 효과를 볼 수 있다. 당연히 모든 채널은 정보성도 강해야 하지만 흥미를 유발하는 자극성도 가미해야 한다. 구독자 확보가 필수이기 때문에 기본적으로 '재미'가 있어야 한다는 말이다.

3. 시간을 낭비하지 않도록 관리하라

SNS를 하라고 권하는 것은 그것이 부동산 에이전트에게 고객 유치를 도와주는 역할과 자신을 홍보하는 수단이 되기 때문이다.

유튜버가 되거나 온종일 SNS를 하라고 말하는 것이 아니다. 그러나 앞서 언급한 영업을 하면서 모두 진행하려고 한다면 시간이 부족할 것이다. 상당히 많은 부동산 에이전트가 수단과 목적을 혼동하고 SNS 활동에 많은 시간을 사용하는 것을 보기도 하는데, 9~6시 사이에는 하지 않는 것을 권한다.

만약 당신이 이미 높은 수익을 내는 에이전트라면 SNS를 관리하는 비서를 채용하는 것도 효과적일 것이다. 그렇지 않다면 밤이나 주말 시간을 활용하라. 나 같은 경우는 개인적으로 시간을 정해두고 포스팅하는 편이고 '나만 보기' 형태로 자투리 시간이 날 때마다 조금씩 작성하여 올리다가 완성하면 전체 보기로 포스팅의 공개 범위를 조정한다. 절대 주객전도가 되지 않도록 해야 한다.

3장

고객 확보

좋은 고객을 많이 확보하는 방법

★ ★ ★

성실함으로 무장하라

1. 최고 실적의 에이전트는 하루아침에 만들어지지 않는다

부동산 에이전트를 직업으로 삼아 30여 년 가까이 일하면서 깨달은 게 있다. 영업은 요령도 필요하고 학력이나 개인 능력, 심지어는 외모 같은 개인이 가진 자신만의 경쟁력 등이 모두 실적에 영향을 미치지만, 그런 개별적인 경쟁력이 전부를 차지하지 않는다는 것이다. 앞서 언급한 개인적인 경쟁력은 속도를 내기 위해서는 큰 역할을 하지만, 근본적인 성공의 요소는 '성실함'에서 나온다.

개인적으로 '영업'을 직업으로 한 사람들에게 관심이 높다. 보험 영업하는 사람도 높이 생각하고, 자동차 영업, 그것도 새 차 또는 중고차에 따라 영업 스킬도 상당히 다르다는 점도 재미있다. 하지만 근본적으로 모든 세일즈는 새로운 사람을 만나서 자신이 판매하는 상품의 구매 의사를 일으키고 관심을 보이는 사람에게 판매해야 한다. 이 점이 공통점이다. 생명 보험 영업만 보더라도 외국계 보험사는 멋진 외모와 화려한 학력으로 무장한 라이프 플래너가 상품을 판매하고, 주부 위주로 활동이 이루어지는 영업 조직도 있다. 예전에는 이왕 영업한다면 겉으로도 멋지게 보여야 한다는 생각도 있었다. 지금은 생각이 조금 바뀌어서 '성실함으로 행군해 나가는 행위 자체의 숭고함'에 존경심을 갖게 되었다.

흔히 보험 여왕이라고 불리는 보험 우수 실적자의 하루를 따라다니며 지켜본다면 그 어떤 나태해진 영업 사원도 존경심을 갖게 될 것이기 때문이다. 사람이 어떻게 항상 행복감을 느끼고 일하겠는가? 때로는 너무나 힘든 날이라 할지라도 멈추지 않고 조금이라도 전진하겠다는 '굳은 마음' 자체가 존경의 대상인 것이다.

2. 한 번 터진 계약은 다른 계약을 부른다

부동산 에이전트라는 직업을 처음 선택한 사람은 큰 수익이 기다리고 있을 거라는 부푼 꿈과 막연한 청사진을 갖고 영업을 시작한다. 기대가 큰 만큼 반년 정도 지나면 실망감과 좌절 또한 크게 느껴진다. 정말 무서운 진실은 부동산 에이전트를 시작한 10명 중

2명 정도가 고소득을 내고 나머지는 원하는 수익을 내지 못하거나 영업에 실패하게 된다는 것이다.

성공과 실패 여부는 일을 시작하고 6개월 정도면 판가름이 난다. 성공과 실패는 학력과 경력과는 무관하게 나타난다. 6개월 전후에 단계별로 꼭 해야 하고, 습득해서 내 것으로 만들어야 하는 필수 액션을 마친 사람이 성공으로 가는 열차에 탑승하는 것이다. 분명, 성공으로 가는 열차에 탑승하는 것이라고 표현했다. 목적지에 도착하는 게 아니다. 성공이라는 목적지까지 나를 데려다줄 열차를 출발역에서 탑승했을 뿐이다. 이 열차에 아예 탑승하지 못 한 사람은 성공이라는 목적지 자체를 갈 수 없다. 뒤늦게 깨닫고 정신을 차려 성공이라는 목적지로 달려올 수는 있지만, 걸어오거나 느린 열차, 버스를 타고 와야 하므로 상당히 오랜 시간과 고통이 뒤따를 것이다.

부동산 영업을 처음 시작해서 초기 6개월 동안에 최선을 다해 성공의 목적지로 가는 '고속 열차'에 탑승하기를 바란다. 고속철도의 특성상, 어느 순간 가속도가 붙듯이 당신의 영업도 탄탄대로가 될 것이다.

★　★　★

영업 초기 6개월간 몰입 시간을 가져라

6개월이라는 시간을 날짜로 따지면 180일이다. 180일 동안 어떻게 급속 충전으로 '일만 하는 상태'로 나 자신의 수준을 끌어 올려 놓을 것인가? 이게 관건이다. 급속 충전이라는 단어를 사용할 만큼 폭발적으로 몰입하는 시간을 보내야 한다. 신입 에이전트가 영업을 시작하면서 '행운의 신으로부터 선물 받는 초심자의 운'은 6개월 정도가 한계인데, 이 기간에 어떻게 하느냐는 신입 에이전트가 부동산 바닥에서 계속 머문다고 가정할 때 10년을 좌우한다.

지금부터 부동산 일을 처음 시작한 신입 에이전트의 입사 후 6개월을 가상해서 이야기하겠다.

설정: 대학교를 졸업하고 ○○물산에서 2년간 근무하고 부동산 일을 하겠다는 생각으로 공인중개사 자격증을 취득한 노연우(가명) 씨는 ○○부동산 회사에 입사했다. 사무실 소재지는 삼성역인데 주로 사무실 임대차 서비스를 제공하는 회사이다.

위 설정에서 중요한 포인트는 회사의 선택이다. 100% 인센티브 형태로 영업하는 부동산 에이전트라면 더더욱 자신이 어디에서 일을 시작하느냐가 중요하다. 어쩌면 부동산 영업 인생의 성공을 결정짓는 가장 중요한 요소가 '어디에서 시작하느냐'일 것이다.

올바른 회사를 알아보고 선택해 입사한 노연우 씨는 회사가 제공하는 신입 에이전트 교육과정 OJT(On the Job Training: 업무를 통한 트레이닝)을 한 달간 받게 되었다. 국내에 진출해 있는 외국계 부동산 기업이나 국내 대기업 기반의 오래된 사업 연혁이 있는 부동산 회사라면 정도의 차이는 있지만, 유사한 교육 프로그램(공통의 부동산 기업의 신입 직원 교육 프로그램을 종합 참고해 기술하겠다.)이 있다. 큰 틀에서는 부동산업에서 가장 중요한 고객 발굴과 물건 확보로 시작할 것이다. 만약 지금 이 글을 읽고 있는 사람 중에서 부동산 비즈니스를 시작하려고 한다면 이 6개월간의 가상 일정표를 참고하기를 바란다.

우선, 얼마를 벌고 싶은지를 정해야 한다. 중개업을 하는 사람들이 유튜브를 통해 다양한 콘텐츠를 영상으로 업로드하는데, 영상 속에는 공인중개사로 얼마를 벌 수 있는지, 이렇게 중개업 해야 한다, 이렇게 하면 안 된다, 광고가 핵심이다 등 다 보는 것 자체가 불가능할 정도로 많은 내용이 있다. 하지만 '돈'을 버는 방법에 대한 내용이 많지 않다(내가 이 책을 쓰게 된 이유이기도 하다).

중개업을 위해서는 두 가지 핵심적인 요소가 필요하다. 물건(매물)과 고객(매수자)이다. 결국 물건도 사물이 아니라 부동산 물건을 소유한 사람에게서 의뢰받는 것이니 '고객 발굴'이 부동산 비즈니스의 열쇠다. 성공한 에이전트는 인간관계에서 '마음'을 얻은 사람이다. 부동산에서 '부동'이라는 단어 자체가 무언가 인간미가 없는 단어인데, 그 속을 들여다보면 부동산은 결국은 지극히 '인간적인 산업'이다. 100억짜리 건물을 거래하는 것이 아니라, 100억짜리 부동산을 소유한 사람의 마음을 얻어 전속권을 획득하고 그 전속권을 사용해 살 사람을 찾는 과정이다. 이것이 핵심이다.

그래서 얼마를 벌고 싶은지를 정하는 사업 계획 방법론의 핵심도 '사람을 만나는 것'이라고 늘 내가 말하고 다니는 것이다. 부동산 중개를 업으로 시작하면서 세우는 사업 계획이라는 것이 어떻게 보면 막연할 수가 있다. 사무실을 개업했든 소속 공인중개사나 중개 보조원, 컨설팅 회사의 소속으로 일하든 형태가 중요한 것이 아니라 마인드가 중요하다. 인바운드의 형태로 1층 사무실에서 광고 등 한정적이고 수동적인 형태로 고객을 만들 것인가? 아니면 아웃바운드 형태로 내가 찾아가는 영업을 할 것인가에 관한 이야기다.

내가 영업을 30년 가까이 하면서 해온 방식이자 신입 에이전트에게도 항상 강조하는 방식은 '내가 고객을 찾아가는 방식'이다. 이것은 매우 능동적이면서 어려운 과정이다. 막상 해보면 어렵지 않지만, 처음에는 발걸음이 무거워도 그렇게 무거울 수가 없다. 부동산 에이전트가 고객을 선택하는 방식이라고 이야기하고 싶다. 자기 주도적으로 마케팅할 수 있고 자신이 업무량을 결정해 일할 수 있기 때문에 매출을 얼마나 올릴지 추산해서 사업 계획도 수립하기가 용이하다.

다음으로, 내 몸값(단가)을 계산해 보자. 계약될지, 안 될지도 모르는데 어떻게 연간, 3년간의 계획을 수립할 수 있을까? 내가 주로 활동하는 파밍 지역 내에서 가장 흔하게 발생하는 계약의 규모를 통해서 내가 할 수 있는 수수료의 평균을 계산해 본다. 영업 목표

수립을 위한 단가라고 생각하는 것이다.

그다음은 큰 목표를 세우자. 나는 처음 출근한 신입 에이전트에게 항상 물어본다.

"노연우(가명) 씨, 오늘 처음 부동산 일을 시작하셨는데 올해 얼마를 벌고 싶으세요?"

대답은 참 다양하다. 나이가 젊은 사람은 샐러리맨 친구들의 연봉을 기준으로 이야기하기도 하고, 나이가 있고 직장생활을 오래한 사람은 자신들의 마지막 연봉을 기준으로 이야기하기도 한다. 누구는 올해는 부동산 일을 처음 시작하는 해이니 자리를 잡는다고 생각하고 욕심을 부리지 않는다고 대답하기도 한다. 이런 사람들은 대부분 영업에 실패하게 된다.

목표를 달성하지 못하더라도 '목표는 크게' 잡아야 한다. 대신 그 목표를 내가 계산한 내 단가에 비추어 달성할 수 있도록 액션 플랜을 세우면 된다. 달성을 위한 실행 계획이 수반되어야 한다는 의미다.

1년 차에 1억을 벌겠다, 또는 3억을 벌겠다는 목표를 세웠다고 가정해 보자. 누가 얼마를 벌고 싶다고 생각하는 것은 개인의 자유 목표다. 누구나 많은 수익을 내고 싶은 것은 인지상정 아닌가? 중요한 것은 목표를 희망 사항으로 두는 게 아니라 현실로 만들어줄 '실행 계획(Action Plan)'이다. 앞서 이야기한 내용을 다시 짚어 보겠다. 이야기를 반복하는 이유는 백번을 말해도 부족함이 없기 때문이다.

- 자신이 판매할 주 상품을 선택한다. (주로 영업할 대상을 선택하라는 의미다. 건물, 토지, 임대차, 주택 등)
- 1건의 계약당 단가를 정해 본다.
- 매월 단가 900만 원짜리 임대차 계약을 1건 이상 해야 한다면 역산해 보자. 계약 성사율을 생각해야 한다. 그 누구도 진행하는 고객을 100% 계약하지는 못한다. 특히 부동산 영업을 처음 시작하는 사람이라면 10% 미만일 것이다. 물론 옆에서 멘토나 코치의 코칭을 매일 받으면서 진행한다면 50% 이상 끌어올릴 수 있을 것이다. 문제는 여기서 10%, 50%라고 이야기하는 퍼센티지의 소스를 고민해 봐야 한다.

위에 언급한 10%는 결국 A급 고객을 의미하는 것인데, 신입 에이전트가 A급 고객 중 10% 정도를 계약한다고 가정하면 A급 진행 고객이 10배수 있다는 의미인데, A급 고객이 매월 10명 이상 유지되려면 가장 초기에 가망 고객 접촉 양은 그것의 20배수 정도 되어야 한다. 매월 초기 접촉 양 200건이 있어야 한다는 의미다. 인컴체인(수익 발생 구조)의 가장 밑단에 위치한 프로스펙팅 활동량이 최소 매월 200건을 유지하면 매출 1억 이상이 가능하다는 의미다. 한 달 20일을 영업한다고 가정하면 하루에 신규 접촉 양 10건 이상을 유지하면 된다는 의미다. 여기에서 무조건 기억할 것은? 질은 양에서 결정된다는 것이다. 계약은 많은 초기 접촉에서 나온다.

1. 1개월 차- 지리 익히기

(1) 어떤 영업을 어느 동네에서 시작할지를 정한다.

(2) 얼마를 벌고 싶은지, 1년 후의 자기 모습을 구체적으로 적어
본다.

(3) 6개월 안에 자리를 잡는다는 가정하에 180일 동안 매일 할
최소 업무량을 정한다.

(4) 내가 파밍할 영업지역의 지도를 만든다.

지도를 외운다는 것이 쉽지는 않다. 최소한 길과 길이 만나는
코너 지점, 주요 건물의 1층 임차인, 랜드마크 건물의 특징, 지역 내
공실이 있는 건물은 외운다.

(5) 빈 곳의 공실 정보를 기록한다.

일하는 회사에 자체 매물 관리 프로그램이 있다면 사용할 수도
있을 것이다. 처음 일을 시작해서 정리한 공실 정보가 시간이 지날
수록 쌓이도록 관리해야 하는 것이 포인트다. A라는 건물의 4층이
공실인데, 몇 달 후에는 다른 층이 다른 가격의 임대가로 나올 수도
있고 시간이 거듭할수록 특정 층의 계약 만료일 등에 관한 정보를
손쉽게 필터링해서 활용할 수 있어야 한다. 건물의 자산관리를 맡아
서 건물주를 대신하는 PMer(자산관리자)가 있는 경우는 당연히 층별
임차인의 임대차 계약이 정리된 렌트롤을 갖고 있다. 렌트롤 정보
수준까지 만들 수 있도록 데이터를 축적할 생각을 하라는 의미다.

2. 2개월 차- 두 개의 원장(매물장, 고객 리스트) 보유

(1) 건물의 특징과 공실이 있는 건물 리스트(매물장 만들기)를 보유한다.

(2) 건물마다 층별 임차인에 대한 정보를 병행해서 수집한다.

2개월 차에는 내가 영업하는 지역 내 모든 건물의 층별 임차인에 관한 조사를 끝내야 한다. 스태킹 플랜(Stacking Plan)이라고 부르는 이 작업은 1개월 차 공실 조사와 동시에 이뤄지면 더 효과적이지만 아주 짧은 몰입의 기간을 정해서 수일 내 진행해도 좋다.

(3) 기계적인 영업용 산책(파밍)을 해본다.

파밍 과정에서 영업지역 내에서 수집하는 모든 정보는 기록해야 한다. 목적은 데이터 정리가 아니라, 매물과 고객이라는 큰 축의 데이터 확보는 자연스러운 매칭(계약)으로 이어지기 때문이다. 2개월 차에 여기까지 진행을 마쳤다면 당신은 이미 작더라도 첫 계약을 했을 가능성이 높다. 혼자 일하는 것이 아니라면 데이터를 수집하고 기록하면서 '공유'라는 과정이 당연히 있으리라 생각한다. 당신의 반쪽 데이터는 당신의 선배, 동료가 절반을 더해서 완성해줄 수도 있기 때문이다. 심지어는 경쟁사 에이전트와도 말이다.

3. 3개월 차- 첫 계약 달성

(1) 첫 계약을 해야 한다.

3개월 차의 지상과제, 필수 목표는 첫 계약이다. 수수료의 크기보다는 영업에 필요한 부분(재료)을 만들어 나가는 과정이다. 작더라도 결과물을 만들어 내야 하는데, 3개월 이내에 첫 계약이 나오는 것은 영업 인생에서 절반의 성공이 된다.

(2) 고객과 물건을 찾아 나가는 파밍 과정의 순서를 온전히 숙지한다.

이는 첫 계약에서 꼭 배워야 할 것이다. 파밍 과정의 순서를 온전히 따라서 이루어지는 계약은 두 번째, 세 번째 계약을 예고하는 전조와도 같다. '계약의 복제 사이클'을 스스로 만드는 첫 단추가 된다.

(3) 나만의 전속 건물을 만들기 위해 노력한다.

파밍 지역에서 2달 정도 건물과 임차인을 만나고 다니다 보면 이미 나만의 전속 건물이 생겼을 것이다. 영업을 시작한 후 며칠 안 되어서 전속 임대대행 건물이나 매매 전속이 생긴다면 동료, 선배와 협업을 통해 진행할 수도 있고, 그 과정에서 실수 또한 많을 것이다. 3개월 차 정도가 되면 단독으로 진행하거나 고도의 마케팅 스킬을 사용하지는 못하더라도 '수주' 자체를 할 수는 있을 것이다.

(4) 고객의 의뢰를 접수할 때, 꼭 전속으로 받는다.

부동산 영업을 하면서 고객 접수와 물건 접수라고 표현하는 리스팅은 부동산 사업이 선진화된 미국 같은 나라에서는 '전속 고객, 전속 매물'을 의미한다. 좋은 건물과 고객을 만나면 꼭 전속으로 의뢰받기를 바란다.

4. 4개월 차- 나만의 전속빌딩 수주

(1) 나만의 전속 건물이 생긴 당신은 강력한 '비빌 언덕'이 생기
    는 것이다.

전속 건물이 생긴다는 것은 그 건물이 당신의 파밍 지역 내 건물
이라면 지역 내 영업이 가속화되는 베이스캠프가 되어준다는 것이
다. 전속 건물이 파밍 지역을 벗어난 지역이라면 파밍 지역이 한 군
데 더 생기는 영업의 확장으로 받아들여야 한다. 전속 받아도 물건
(건물)을 수주한 것이 아니고 고객(매수 대행, 임차 대행 등)을 수주한 경
우는 고객이 원하는 부동산을 원하는 지역에서 찾아주면 되는 상황
이라 '치고 빠지는 전략'을 사용하므로 원래 내가 진행 중인 파밍 지
역 내 영업의 루틴이 깨지지는 않는다.

(2) 타지역에 전속 건물이 생기더라도 원래 매일 파밍하던 지역
    에 소홀하면 안 된다.

원거리에 있는 부동산을 전속으로 받아오는 경우가 있는데, 경
력이 쌓인 노련한 에이전트는 충분히 시간 안배와 일의 균형을 유
지하면서 진행할 수 있지만, 신입 에이전트는 이런 경우를 경계하
기를 바란다.

또한 주변 지인이 자신들의 상담을 청하는 경우가 있는데, 이때 성
사하기 힘든 '제주도' 토지 매매를 받아오는 '역삼동' 에이전트도 많다.
진행할 것이 없어서 고민하는 중에 하늘에서 내리는 단비와 같은 고객
이라 생각하고 제주행 비행기에 몸을 싣는 것이다. 잘못하면 제주행은
'편도 항공권 구매'와 같은 효과가 될 수 있다는 것을 명심해야 한다.

5. 5개월 차- 나의 전속 건물에 임차인 유치하기

(1) 전속 건물 옆에 '내가 일할 공간'을 만든다.

현장 사무실을 만들어 상주하라는 의미다. 건물주에게는 '이렇게까지?' 하는 마음을 갖게 하고, 에이전트 자신은 그 사무실을 잘 활용해야 한다.

(2) 현장 사무실이 주는 효과를 되새긴다.

건물주에게 강력하게 한 편임을 알려준다. 향후 부동산과 관련한 자산관리, 매매 등 추가 수주도 가능하다. 보통 건물주는 건물이 잘 관리된다고 생각하면 귀찮게 여러 부동산을 상대하고 싶어 하지 않기 때문이다.

건물주의 건물 내 한 공간을 일정 기간 무료로 사용하는 셈이니 에이전트에게는 무료 임대차 계약을 한 나만의 사무실이 생기는 셈이다.

건물을 보러 오는 임차인이나 지역 내 경쟁 부동산이 감히 내 자리를 빼내려고 시도하지 못한다.

단 건물의 규모를 감안해서 현장 사무실을 설치해야 한다. 에이전트가 3개월 정도 상주 사무실로 오가면서 자신의 사업 계획상의 월간 수입 목표를 넘어서는 기대 수익이 있어야 한다. 잘못 상주하면 시간과 노력이 매몰 비용으로 처리된다.

(3) 현장 사무실 사용법을 알자.

되도록 자주 건물주에게 눈도장을 찍는다. 이런 행위가 쌓여서 나중에 임대료 관련이나 수수료 관련 협상에서 아쉬운 소리를 해야 할 때 에이전트인 나의 말을 신중히 들어주게 된다. 아무 이유 없이 그냥 수수료를 깎는 건물주는 없다. 현장 사무실은 주변에서 가망 임차인을 찾는 동안의 베이스캠프이며 건물로 찾아오는 가망 임차인과의 상담 장소로 사용된다. 때에 따라 사무실에서 서류 작업이나 행정적인 일, 마케팅을 위해 우편물을 포장하는 등 어느 공간에 머물러서 해야 하는 일이 있다면 현장 사무실을 이용하면 된다.

남의 건물을 다른 용도로 쓰라는 뜻이 아니다. 어쩔 수 없이 기다려야 하는 시간이 발생할 것이라면 전속 건물에 가서 앉아 있으라는 뜻이다. 또한 워크인 고객도 버리지 말라는 뜻이다.

(4) 현장 사무실 운영 지침을 수립하자.

현장 사무실을 만들 정도면 건물의 규모가 큰 편이고, 혼자서 일하지 않는 경우도 있을 것이다. 이때 같이 일하는 동료 에이전트 사이에 각자의 역할과 수익 배분 등을 세세하게 정해서 임하는 것이 좋다. 이것은 프로젝트성 동업과도 같아서 상세한 역할을 정하지 않고 프로젝트를 시작하면 결국은 누군가가 더 많은 일을 하는 일이 생기고 큰 분쟁의 씨앗이 된다. 동료애가 깨지게 되는 것이다.

(5) 전속 건물 진행을 핑계로 전속 건물 인근의 파밍도 완벽히 마친다.

전속 건물 인근을 파밍할 때 더 효과적인 방법은 주변이 내 전속임을 알려서 추가 수주를 시도하는 것이다. 이렇게 하기 위해서는 지역 내 전문가가 되어야 한다.

6. 6개월 차- 부동산 에이전트로 먹고살 수 있다는 눈빛 만들기

6개월이라는 시간은 생각보다 긴 시간이 아니다. 만약 신입 에이전트가 부동산 일을 2월에 시작했다면, 6개월 후에 한여름인 8월이 찾아온다. 아무 일도 하지 않더라도 저절로 8월은 온다. 처음 부동산 일을 시작해서 첫 달 영업지역을 정하고 공실 자료 조사, 건물 내 입주사 조사를 하면서 원장을 만들고 만나는 사람에게 전속을 제안하고 있을 것이다. 열심히 시간을 보낸 만큼 얻은 것도 있을 것이다. 당신은 다음에 설명하는 아래의 것을 만들어 놓아야 한다.

매물장, 가망 고객 명단, 여러 채의 전속빌딩, 첫 계약의 짜릿함 그리고 가장 중요한 것은 자신감이다. 월급 받는 샐러리맨이 아니라, 내가 내 몸과 마음을 움직여 나의 미래를 먹여 살릴 수 있겠다는 자신감이다. 부동산 일의 가장 큰 매력 중 하나인 '자유'에 다가가는 것이다. 하루 24시간이 내 것인 자유, 돈에서의 해방, 또 하나 가장 중요한 것, 바로 신입 에이전트에게 가장 유리한 것, '24시간 말릴 사람 없이 스스로 몰입해 일할 자유'다. 부동산 일은 하면 할수록 실력과 경력이 늘고, 그 노하우와 결실이 전부 자신의 것이 된다. 처음 일을 시작할 때 소속된 회사를 플랫폼처럼 활용해 '○○부동산 회사의 노연우(가명)'라는 이름으로 일을 시작했다면, 어느 순간 '부동산 전문가 노연우' 자체로 부동산 시장에서 알려지게 될 것이다. 지명도, 인지도가 있다는 것은 쉽게 전속 건물을 확보할 수 있다는 장점이 생겼다는 것이다. 부동산업은 어떻게 보면 전속의 확보와 내가 확보한 전속을 케이스별로 처리해 나가는 과정인데, 전속 확보가 용이하다는 것은 부동산 일을 통해서 생계를 넘어서 부자가 될 수 있는 발판을 마련할 수 있다는 것이다.

6개월의 시간을 충실히 보낸 후 출근길, 거울에 비친 자기 눈을 한번 보라. 눈에서 레이저가 나오고 있을 것이다.

★　★　★

양을 확보하는 데 모든 역량을 사용하라

모든 사람은 부동산 이슈가 있다. 노숙하지 않는 이상 누구나 저녁이면 집으로 향한다. 집은 부동산이다. 백수가 아닌 이상 누구나 직장으로 출근할 것이다. 회사는 부동산 안에 있다. 농사를 짓고 있는 농부의 직장은 '토지'이고, 제조업에서 일하는 사람이라면 '공장'에서 일한다.

돈을 많이 벌어 성공한 사람도 큰 건물을 사고 싶어 하고, 돈을 열심히 모으고 있는 사람도 언젠가는 부동산을 사고 싶어 한다. 특히 대한민국 국민 대부분이 부동산에 관심이 많다. 부동산을 통한 자산 증식은 직장 생활에서 얻을 수 있는 것 이상으로 실현되기 때문이기도 하다. 그렇기 때문에 부동산 에이전트에게는 전 국민이 잠재고객이다. 만나는 모든 사람에게 부동산 전문가는 환영의 대상이다. 30년 만에 만난 중학교 시절 영어 선생님이 나의 명함을 받고 제일 먼저 물어보신 것이 부동산 이야기였다.

"창희야, 선생님이 결혼해서 시부모님이 해주신 압구정 현대아파트에서 계속 살았는데, 팔아야 하니 계속 갖고 있어야 하니?"

다른 사람들도 역시 마찬가지다. 물론 거절의 파도를 이야기할 만큼 문전 박대도 많이 당하기도 한다. 내가 전속 받은 건물의 공실에 임차인을 유치하기 위해 이사할 수도 있는 회사를 찾아서 파밍을 다니다 보면 일상이 '거절당하기'다. 그럴 때도 이렇게 이야기해보면 다르게 대응하는 경우가 많다.

"아, 이사 계획은 없으시군요. 나중에 제가 주신 명함의 이메일로 좋은 꼬마빌딩 매매 물건 있으면 보내드릴게요. 회사는 이사 안 하더라도 개인적으로 부동산 관련 궁금증이 있으시면 언제든 연락해주세요."

에이전트와 만나는 모든 사람은 상황이 안 맞을 뿐, 언제나 부동산을 갖고 싶어 한다는 사실을 기억하자.

★ ★ ★

효과적으로 고객을 관리하라

영업을 시작하는 사람은 고객에 의해서 스케줄이 요동을 친다. 고객이 원하는 시간에 만나 상담하고 고객이 원하는 부동산을 사고 팔기 위해 해야 할 일로 내가 내 시간의 주인이 되지 못한다. 그런 요동이 치는 내 하루 일상에서 꼭 해야 할 필수 업무를 놓치면 매출의 한계를 만나거나 번 아웃 같은 이상한 상황에 놓일 수가 있다. 특히 고객 관리는 당장은 아니지만, 미래를 보장해주는 중요한 일인데 자꾸 놓치게 된다.

효과적으로 고객을 관리하기 위해서는 아무 일도 없다는 듯이 기계적으로 돌아가는 고객 관리 시스템을 구축해야 한다. 다음과 같은 방법대로 해본다.

매일 퇴근 전, 그날 만난 고객의 명함을 책상 위에 늘어놓는다. 가능하면 최대한 병원 의사 선생님처럼 고객 상담 차트를 쓰도록 한다. 그다음, 만난 고객을 분류한다. A, B, C, D를 명함에 표기하고 A, B급 고객은 고객 상담 차트에 붙이고 A급 고객, B급 고객을 따로 분류해 별도의 파일에 끼우거나 문서로 파일링한다.

● 구분법 제안

규모를 떠나서 당장 이사할 곳을 찾거나, 부동산을 사고파는 것이 급한 고객은 A급, 규모가 큰 기업이나 우량 기업인데 당장 이사는 시급하지 않은 고객은 B급으로 분류한다. A급 고객은 생활비를 벌어주고, B급 고객은 '돈'을 벌어준다. 실제로는 B급 고객을 잘 관리하는 시스템을 갖추는 것이 중요하다.

● 관리법 제안

항상 갖고 다니는 가방에 A급 고객 상담 차트 파일을 넣고 다니면서 수시로 보고 아이디어를 내야 한다. 아이디어가 생길 때마다 수시로 고객에게 더 좋고 색다른 제안을 한다. 계약이 성사될 때까지 계속 연락하고 친밀하게 지내야 하는 고객이기 때문이다.

B급 고객 파일은 책상 서랍에 넣어두고 정기적으로 관리한다. 매월 메일로 부동산 정보도 보내고, 꽃이 피었다든지, 휴가철이 되었다든지 등을 이유로 삼아 당장은 아니지만, 부동산 이슈가 생길 때 '내가 부동산'임을 인지할 수 있도록 관리한다. 보통 잘 관리하는 B급 고객이 실제 A급 고객으로 전환되면 로또와 같은 큰 계약으로 이어지기도 한다.

C, D급 고객은 우리의 영업 일상에서 만나는 무수히 많은 사람이라고 표현하고 싶다. 미용실 원장님, 식당 사장님, 이사 안 한다는 작은 회사 등 일상에서 만나는 사람들이다. 그러나 중요한 건 이런 사람들을 포함해서 매일 만나는 사람의 숫자를 유지하는 것이다. 하루에 이런 사람들을 10명 정도는 꾸준히 만나야 한다. 골목에서 신축 빌딩을 임대대행 전속을 받기 위해 일하다 보면, 그 건물 1층은 식당이 들어갈 자리일 수도 있고, 2층은 미용실이 들어갈 만한 자리일 수도 있기 때문이다. 이때, 받아 두었던 명함을 찾아 전화기를 들면 된다. 가망 고객을 찾으려고 애를 쓸 필요가 없다.

일상에서 밥을 먹더라도 그냥 밥만 먹고 나오지 말고 자신이 부동산 일을 하는 사람임을 말하면서 계산하는 것을 권한다. 항상 일할 때 동시에 두세 가지를 해내는 마음을 가져야 한다.

가망 고객을 만나기 위한 영업의 행군을 계속하라

A급 고객 파일 속에 20~30장의 '계약 가능 고객'이 들어 있다고 가정해 보자. 아마도 매달 계약이 나올 것이다. 다시 강조하지만, 부동산 에이전트라는 직업은 '만나는 사람의 숫자에 비례해 매출이 나오는 정직한 직업'이다.

부동산 일을 처음 시작하는 신입 에이전트라고 해도 부동산 일을 오래 한 선배 에이전트의 매출을 빠르게 넘어서는 급성장이 가능하다. 많은 가망 고객을 만나기 위해 나가는 영업의 행군은 정직한 결과를 가져다주기 때문이다. 일의 숙련도가 떨어져 계약 성사율이 떨어지는 불리함도 많은 양의 일을 진행하면서 실패를 반복하다 보면 자기도 모르게 실패도 줄어든다. 성공률이 빠르게 올라간다는 의미다.

이론적으로는 제대로 배워 성장해 계약 성공률이 빠르게 높아진 에이전트가 신입 에이전트 시절의 열정으로 신규 고객 발굴 '숫자' 그 숫자의 '양'을 유지하거나 늘리게 되면 한계가 없이 매출을 올릴 수 있다. 그러나 사람이 게을러진다는 것이 문제다. 그 게으름에 대한 대책도 시간이 가면서 고민해야 한다. 예를 들어 늘어난 매출의 일부를 할애해 비서를 채용하거나 동료이자 팀원이 될 신입에이전트를 채용하는 것도 방법이다.

고객 상담 차트를 이용하라

수첩을 들든 아이패드를 들든 가지고 다니면서 고객 상담을 하는 것은 기록한다는 의미에서는 모두 의미 있는 방법이다. 그러나 되도록 종이로 된 고객 상담 차트를 사용하라고 권하고 싶다.

깔끔하게 인쇄된 고객 상담 차트에 만년필로 쓱쓱 적어 내려가면 상담력을 높여준다. 우선, 기분을 좋게 만들어준다. 이런 행위 자체를 보는 고객의 만족도가 높다. 특히 고객과의 상담력이 떨어지는 신입 에이전트에게는 필수다. 고객 상담 차트를 이용하면 자신이 만난 고객에게 부동산 거래를 위해 물어봐야 하는 필수 항목을 잊어버리지 않고 다 물어보면서 상담할 수 있다. 컨닝 페이퍼처럼 상담 차트의 빈칸을 다 채운다고 생각하고 상담을 진행하면 되기 때문이다. 자기 흥에 30분, 1시간을 상담하고도 꼭 필요한 것을 못 물어보고 상담을 마치는 에이전트가 실제로 엄청 많다는 사실을 알아야 한다.

나는 중·고등학교 시절부터 정리하는 것을 좋아했다. 책장 책의 앞줄을 맞춰 정리하고 음악 CD나 테이프를 메이커, 색깔별로 구분해서 정리했다. 파란색 사이에 빨간색이 끼어 있는 꼴을 보지 못했다. 이런 성격은 부동산 비즈니스를 하면서 분명 도움이 되었다고 생각한다. 지금도 내 '고객 상담 차트'는 때가 많이 묻었지만, 나만의 방식으로 정리하고 있다.

서류 하나를 정리하더라도 그 상황 속에서 재미를 찾으면 좋다. 뭐든지 억지로 하지 말아야 한다. 특히 A급 고객의 고객 상담 차트라면 비싼 파일을 구입해 정리해 보는 것도 힘든 영업 활동 속에서 단비와 같은 재미가 될 것이다. 그런 애정을 갖는 행동이 모여서 계약할 수밖에 없는 '굳은 의지'를 만들어주기도 한다.

에이전트는 영업 활동 중에 마음을 다치거나 추진력을 잃을 때가 있다. 앞으로 나아가는 게 너무 힘이 들 때, 나를 일으켜 세워줄 재미난 것이나 레버리지로 여러 가지를 만들어 두는 것이 좋다.

<blockquote>
신축 공사 현장은 그냥 지나치면 안 된다
</blockquote>

★ ★ ★

이 일, 저 일을 구분하지 말고 동시에 하라

1. 신축 빌딩은 부동산 영업에서 가장 중요한 수주 대상이다

사람이 태어나 성장하고 나이를 먹듯이, 건물에도 생애주기가 있다. 전속빌딩을 수주할 때 특히 신축 건물을 수주하는 것은 매우 중요하다. 부동산업에서 자리를 잡은 에이전트가 직업을 바꾸는 일은 많지 않다. 에이전트가 일해 나가는 시간과 신축 건물의 수명은 나란히 같이 갈 수 있기 때문에 중요하다.

공사 중인 건물이 준공되기 전에 사전 임대 마케팅을 하는 것은 건물주 입장에서도 불안하고 힘든 시기에 옆에서 전속 부동산 에이전트가 강력한 힘을 보태는 기회가 된다. 그렇기에 신축할 때 수주한 빌딩의 임대차에 성공하는 경우, 그 건물은 에이전트가 부동산 밥을 먹고사는 동안 가장 강력한 고객이 되어 준다. 연면적 1,000평 정도의 중소 빌딩이라고 하더라도 1년에 1개 층 이상은 꾸준히 임대차가 발생하고 건물주는 정기적으로 건물을 사고팔거나 추가 매입하기 때문에 오랜 수주원이 되어 주기 때문이다.

2. 출퇴근하는 차 안에서도 일거리를 찾아라

부동산을 업으로 하는 사람에게는 공인중개사 자격증보다 더 중요한 필수 자격증이 있다. '운전 면허증'이다. 이왕이면 1종으로 따는 게 좋다. 2022년 현재, 부동산학과에 다니는 내 대학생 딸은 수시에 합격하자마자 내 권유로 고등학생일 때 운전면허를 땄다. 차를 보유하고, 운전하고 다니는 부동산 에이전트와 대중교통을 이용하는 에이전트는 따라올 수 없을 정도의 매출 차이를 보일 것이라고 단언한다. 부동산 에이전트에게 자동차는 부동산 임장, 고객과의 답사, 기동성을 갖고 영업지역을 넓혀 나가기 위해서 꼭 필요하다. 일로 필요한 것 외에도 일과 휴식의 경계가 모호한 직업인만큼 중간중간 쉬는 공간으로도 활용하고, 에이전트의 판촉물, 영업 자료를 싣고 다니는 이동 창고의 역할도 해주기 때문에 중요하다.

나는 아버지에게 처음으로 차를 선물 받고 1년에 3~4만 킬로를 운전할 정도로 많이 돌아다녔다. 내가 부동산업을 직업으로 하면서 그 누구보다 잘 아는 서울 지리는 큰 도움이 되었다. 부동산 에이전트는 자신이 영업하는 지역에서는 아주 사소한 지역적 특성도 간파하고 기억할 줄 알아야 한다. 그래서 나는 신입 에이전트가 입사해서 내게 교육을 받게 되면 파밍 지역을 선정한 다음, 지리 익히기를 위한 산책을 하고 오라고 한다. 어떤 사람은 진짜 산책만 하고 오기도 하지만, 첫날은 괜찮다. 둘째 날부터는 부동산 영업인으로서 '파밍'을 해야만 한다. 내가 가장 잘 사용하는 단어인 '빌딩숲에서 농장 가꾸기'가 시작되어야 하는 셈이다. 앞서 언급했지만, 부동산 영업은 일과 휴식의 경계가 모호해야만 하는 직업이다. 하나를 하면서 동시에 여러 가지를 볼 줄 알아야 한다.

출퇴근하기 위해 운전하면서 사무실까지 이동하는 시간은 새로운 부동산 일거리를 찾아낼 수 있는 좋은 시간이다. 하루 출퇴근 시간을 1~2시간 정도 사용하는 사람이 대부분인데, 차에서 음악을 들으며 드라이브를 즐기는 동안에도 길가에 조금만 신경을 쓰면 신축 건물을 찾을 수도 있고 공실이 많은 건물도 볼 수 있다. 이때 일거리가 될 것을 알아차렸다면 바로 차를 세운다.

공사 중인 건물이라면, 공사현황판에서 용도를 확인하고 공사장에 건설 관계자(현장소장, 설계자, 건물주 등)가 있는지, 임대차가 결정된 것이 있는지를 확인한다. 영업시간에 신축 빌딩 하나를 확인하려고 일부러 이동해서 1~2시간 걸릴 일을 출퇴근 시간에 신경을 조금만 쓰면 편하게 할 수 있는 것이다. 그래서 차 안에는 나만의 '부동산 왕진 가방'(255쪽 참고)이 있어야 하고 에이전트는 항상 부동산 일거리를 찾아내는 안테나를 세우고 있어야 한다.

3. 잘못 든 골목에서도 일거리를 찾아라

부동산 에이전트는 잘못 들어간 골목에서도 일거리를 찾아낸다. 직업이 부동산이기 때문에 어디를 가나 '일거리'를 만나게 되는 좋은 직업이다. 그래서 생긴 습관이 있다. 생각보다 이 습관은 재미와 일거리를 만들어주기 때문에 부동산 영업을 처음 배우는 교육생들에게 항상 해보라고 권하고는 한다. 그건 바로 출퇴근이나 영업 중, 운전하면서 목적지로 이동하게 될 때면 절대 내비게이션을 따라서 가지 않는 것이다. 다양한 골목길을 접할 기회를 스스로 만들어야 한다. 고객 미팅이나 영업하러 나가는 목적물(건물, 토지 등)의 주소를 미리 지도에서 검색해 보고 역삼동에서 목동을 간다면, 동작이나 반포 쪽을 통해서 서쪽으로 쭉 가면 되겠다는 대충의 동선을 파악하고 약간 서둘러 출발한다(시간이 급하거나 중요한 미팅의 경우는 이동 중에 미팅에서 할 말의 시나리오를 짜야 하니 이럴 경우는 돌아오는 시간을 활용한다). 두리번거리는 게 중요하다. 신호대기로 정차했을 때 길가에 신축은 없는지, 좋은 위치에 아주 낡은 노후 건물이 있는지, 낮은 대로변 건물 뒤로 신축 공사장이 삐죽 나와 있는지를 살핀다. 그러다 보면 멈춘다. 차를 세우고 관계자를 찾고 왜 짓는지, 용도가 무엇인지, 나에게 전속을 줄 가능성이 있는 고객인지를 파악한다.

이런 습관은 하루 이틀이 아니라, 부동산업을 하는 동안 계속 지속해야 한다. 하루에 한 번 이런 '도랑 치고 가재 잡는 식의 행동'은 일주일이면 5~10건의 추가 영업 건수가 되고, 한 달이면 40건의 의도치 않은 수주 활동 시도가 된다. 일 년은 열두 달이나 된다. 40건에 12를 곱해 보라. 480건의 상담이 된다. 확률적으로 5건 이상의 신축 빌딩 전속수주가 될 것이다. 우리가 수주 대상이라고 상담한 다면, 타깃이 적어도 연면적 200평 정도는 된다고 할 때, 한 건물이 나에게 벌어줄 수 있는 매출은 100만 원 단위는 당연히 아닐 것이 다. 실력이 있는 에이전트가 좋은 동네에서 파밍을 효과적으로 집 중해서 한다고 가정한다면 이런 행위 자체가 수억 원의 추가 매출 을 보장할지도 모르겠다.

★ ★ ★

임대차 성공을 위한 설계는 다르다

1. 임대차 성공을 위한 도면 검토를 제안한다

부동산 영업을 하다 보면 어떤 공간을 채우거나 판매하게 된다. 나는 어릴 때, 레고를 집짓기 놀이라고 하면서 엄청나게 가지고 놀 았고, 지금도 사람만 한 집을 지을 수 있을 정도로 레고 부속이 집 에 쌓여 있다. 3대째 부동산업을 하는 집안 환경에서 자란 나는 어 릴 때부터 아버지의 꼬마빌딩 공사장에서 놀았다. 초등학교 때부 터 집 짓는 방법과 순서를 다 알고 있었다. 지금도 내게 집을 지으 라면 지을 수 있을 것 같다. 퇴근하신 아버지가 매일 도면을 그리는 것을 보고 살았는데, 부동산을 임대차하거나 매매하는 직업을 삼은 지금의 나에게는 도면은 또 다른 의미로 자주 접하게 된다. 특히 공 사 중인 건물의 도면을 보다 보면 이 건물이 임대를 위해서 잘 만들어진 도면인지, 문제가 있는 도면인지를 알게 되는 경우가 있다. 도면 검토는 그래서 중요하다.

건축가나 설계자가 공사하기 위해 설계한 도면이나 디자인이 모두 건물의 상품성을 만들어 내는 것은 아니다. 간혹 아주 유명한 건축가나 설계사는 타인(건물주)의 돈으로 자신의 예술을 하려는 경우도 있는데, 너무 디자인이나 특정 자재 선택에 집중한 탓에 건물의 상품성이 떨어진 것을 발견하기도 한다. 건물을 짓는 목적이 건물 소유인지 투자인지를 잘 생각해 본다면 임대차가 잘되도록, 건물의 활용성이 좋도록 설계해야 한다. 그런 조언을 제일 잘해줄 수 있는 사람은 임대차 전문가, 자산관리 전문가이다. 부동산쟁이가 제일 잘 안다는 뜻이다.

2. 한 지역에서 여러 신축 빌딩 수주를 진행한다

농사를 짓는 농부를 생각해 보자. 자신의 논밭에 씨앗을 뿌리고 물을 주고, 영양분도 공급해주고, 잡초도 뽑고, 바람 불면 걱정하고, 장마나 태풍이 올 때면 안절부절못한다. 부동산 에이전트라는 직업도 마찬가지다. '빌딩숲은 농장'이다. 농부의 마음같이 일해야 한다. 자신의 농장을 가꿔야 한다. 농사(파밍) 지역을 정하고 집중해야 한다.

역삼동이 당신의 '파밍(농장)' 지역이라고 가정해 보자. 자신의 파밍 지역에는 테헤란로 같은 대로도 있지만, 골목길도 있다. 대로변 임대가 시세는 어떻게 형성되었는지, 최근 거래가 어떤지, 골목길 중에서도 역세권 반경 ○○미터 내 임대료는 얼마인지, 대로변 빌딩 공실률과 임대료는 얼마인지, 관리비는 얼마인지를 조사할 때 지역을 한정해서 파밍을 하면 정보 수집이 용이하다. 수집한 정보는 건물주나 지역의 신규 고객 발굴에 매우 효과적이다.

에이전트의 영업 반경은 매우 넓어져야 하지만, 나만의 베이스 캠프인 농장지(파밍지)를 갖고 일하기를 권한다. 자신의 농장 내에서 신축 건물이나 대형 공실인 건물, 매매 물건을 전속 물건으로 수주하기 위해서는 각종 데이터를 기반으로 수주를 위한 제안을 해야하는데, 이 제안이라는 것이 말로만 해서 되는 세상이 아니다. 제안서를 만들어야 하고, 때에 따라 큰 건물을 소유한 기업이나 개인은 프레젠테이션으로 업체 선정 경쟁을 하기도 한다. 이런 반복되는 수주전(수주 제안 경쟁)에서 올바른 데이터는 매우 큰 힘을 발휘한다. 내 농장이기 때문에 수집된 데이터는 지역 내 수주용으로, 범용적으로 활용되기 때문에 나만의 제안서를 만들 수 있다는 의미다. 쉽고 빠르게 제안하는 힘을 갖게 된다는 의미다.

내가 근무했던 국내 최대 자산관리 회사인 메이트플러스(현 젠스타메이트)나 포스코O&M(구 포스메이트) 같은 회사가 대형 건물을 수주할 때 제안서를 만드는 과정을 생각해 보면, 작은 건물 수주에 성공하는 에이전트는 규모는 다르지만 같은 방식을 터득해서 하는 것을 알 수 있다.

4 장

전 속 계 약

중개업이 아니라 제안업이다

★ ★ ★

라이프스타일을 제안한다

'라이프스타일을 제안한다'는 말은 내가 좋아하는 사업가인 마스다 무네아키의 책, 《지적자본론》에서 자주 등장하는 말이다. 내가 지적자본론을 읽고 다이칸야마의 츠타야 서점, 후타코타마가와의 츠타야가텐(서점과 가전제품 매장의 결합), 시부야 츠타야 서점 등을 가보고 평소에 품은 부동산쟁이의 가치관도 상당히 많이 변했다.

츠타야 서점은 어느 지역에 매장을 개설하느냐에 따라서 상품 구성이나 공간 기획을 달리했다. 후타코타마가와는 우리나라의 판교와 같은 지역으로 중산층이 밀집한 주택 지역인데, 그렇다 보니 츠타야가텐은 책, 유아·어린이용품, 가전제품, 심지어 자전거 매장 등 생활 편의와 관련한 상품 구성과 기획을 했다는 것이 확실히 느껴지는 공간이다. 고객 중심의 커스터마이즈(고객화)가 잘되어 있는 것이다. 도쿄 중심의 부촌인 다이칸야마는 노년층 부자가 많은 동네이기 때문에 츠타야 서점은 고급 취미 용품, 음반, 여행상품을 위한 여행사 입점, 고가의 자동차 회사 등과의 콜라보는 부자를 대상으로 한 기획이 돋보인다. 재미있는 것은 요리책을 읽으면서 이 책에 나와 있는 요리를 해 먹고 싶다고 느끼게 되면 바로 옆 코너에 그 요리 재료와 요리를 위한 주방용품을 같이 판매하는 큐레이션이 강한 공간이라 많은 사람의 찬사를 받는다.

내가 마음속으로 그랬으면 참 좋겠다고 생각하는 것을 누군가가 나에게 제안해준다면 당신은 그 제안자를 거부할 수 있겠는가? 이런 생각에서 우리가 부동산을 단순 거래하는 사람이 아니라 '기획자', '제안자'가 되어야 한다고 이야기하고 싶다. 생각보다 그런 제안에 목말라 있는 젊은 부자 건물주가 많다. 아직 그런 건물주를 많이 못 만났다면, 하루에 몇 명의 건물주를 만나고 있는지 자신의 '영업의 숫자'를 체크해 보기 바란다.

★ ★ ★

큰 건물로 향하는 마음을 항상 갖는다

수주한 건물에서 벌 수 있는 수익을 사업가 관점에서 계산해야 한다. 여러 번 강조하지만, 부동산 일을 시작하는 에이전트는 지금 자신이 중소형 건물 위주의 업무를 많이 한다고 하더라도 '큰 건물'의 업무를 향한 준비와 노력을 게을리해서는 안 된다.

누구도 이면의 왕자가 되기 위해 태어난 것이 아니다. 생각보다 많은 소형 공인중개사 사무소에서 우량 임차인을 찾아 대형 건물에 입주하게 하고 있다. 참고로 서울 지역의 대형 건물 중 1개 층 임대차 컨설팅 용역 수수료가 2~3억 원인 경우는 허다하다.

시간이 지난다고 할 수 있는 일이 아니다. 배움에는 끝이 없다. 새로 일을 시작하는 에이전트라면 내 그릇을 키우는 공부를 절대로 게을리하지 않아야 한다.

★　★　★

큰돈에 맞는 열정과 시간을 투자하라

네트워크와 실력을 동시에 갖춰야 한다. 대형 건물의 자산관리와 임대차 업무는 그들만의 리그다? 많은 부분에 있어서는 그렇지만, 무조건 그런 것은 아니다. 상당수의 신입 에이전트가 부동산 일을 배우는 과정에서 자신의 게으름이나 공부 부족을 생각하지 않고 자신은 임대차보다는 매매 위주로 영업한다고 이야기하면서 자기 위안을 삼는다. 이것은 마치, 초보 운전자가 "나는 고속도로 체질이야."라고 말하는 것과 같다.

초보 운전자(신입 에이전트) 입장에서는 좌회전(공실 정보 정리), 끼어들기(고객 만들기), 골목길 들어가기(전속 제안), 내비게이션(제안서 작성)도 헷갈리는 현상 등으로 일반 도로 주행에서 받는 스트레스가 커서 차라리 고속도로 운전(매매 업무)이 쉽다고 생각한다.

고속도로(매매)는 직진(사고팔기)만 하면 되니까 편하다. 대신 고속도로는 말 그대로 고속(큰돈)으로 주행(큰돈이 오간다)하는 길이다. 일반 골목길에서는 접촉 사고가 났을 때 멱살도 서로 잡을 수 있지만, 고속도로에서 사고 나면 멱살을 잡을 수가 없다. 이미 이 세상 사람이 아닐 수 있기 때문이다.

부동산 에이전트로서 '큰돈'을 벌겠다는 욕심을 갖고 있다면 그 욕심에 맞는 투자를 하기 바란다. 돈으로 투자하라는 것이 아니다. 당신의 열정과 시간을 투자하라는 것이다.

★ ★ ★

믿음에 항상 먼저 대응하라

부동산업은 '부동산을 거래하는 것이 아니라, 사람의 마음을 얻는 직업'이다. 사람의 마음은 얻기도 힘들지만, 유지하기도 힘들다. 얄팍한 트릭을 쓰면 안 된다. 내가 여러 차례 전속계약이라는 단어를 말하고 있는데, '전속'이라는 단어에는 '믿음'이라는 단어가 함께하는 거라고 말하고 싶다.

에이전트가 전속을 달라면서 제안한 업무 계획을 건물주가 믿어준 것이다. 그 믿음을 깨서는 안 된다. 수십억, 수백억이나 되는 자산을 나에게 채우고 팔 것을 의뢰하고, 믿어주고 성사되면 큰돈을 지불할 것을 '약속'한 것이다. 하지만 건물주는 그 믿음을 며칠 동안 유지하지 못한다. 너무나 불안하기 때문이다.

그 불안감을 단 하루라도 그냥 놔두지 마라. 전속계약을 맺은 바로 그날부터, 해피콜(Happy Call)도 하고 다음 날 아침 기상 시간 이후에 카톡으로 오늘 '당신의 건물을 채우기 위해 내가 어떤 활동을 할 것'인지 '먼저' 알려주길 바란다.

절대 전속을 맡긴 건물주가 나에게 먼저 연락하게 놔두지 마라. 심지어 에이전트는 아무렇지 않게 다음 주 업무보고 날까지 시간이 있다고 건물주를 방치하는 경우가 있는데 거의 90%의 건물주는 화가 나기 시작할 것이다. 그것이 인지상정이다. 그리고 이런 전화가 올 것이다.

에이전트: "아, 안녕하세요? ○○부동산 노연우(가명)입니다. 사장님 잘 지내셨어요?"

건물주: "음… 아, 노연우 과장님? 저를 기억하실지 모르겠습니다만……."

실제 나는 이런 전화를 신입 시절 여러 번 받았다. 내가 한 실수를 당신은 하지 않기를 바란다.

항상 선제적으로 건물주에게 대응하라. 그것은 실질적으로는 일의 주도권을 잡으라는 의미다. 건물주에게 당신의 마케팅이 질질 끌려다니지 않도록 하라는 의미다. 그렇게 된다면 아주 피곤한 악순환의 사이클을 맞이하게 될 것이다.

★ ★ ★

제안서는 내 마음대로 만드는 것이 아니다

전속으로 어떤 부동산을 나의 사업장으로 수주하기 위해서는 제안이 필요하다고 앞서서 계속 강조했다. 심지어 부동산 비즈니스는 '제안업', '기획'이라고 계속 반복해서 이야기하고 싶다.

제안서에는 필수적으로 담아야 할 내용이 있다. 건물의 규모, 현재 해당 건물에 가장 시급히 필요한 사항, 나에게 일을 맡겨야 하는 이유, 건물주도 생각하지 못한 개선점 등 다양한 이슈를 넣어야 한다.

기존 건물에서 규모 대비 많은 공실이 발생했거나 예정인 경우,

신축 중인 건물(공정률에 따라 다른 제안도 필요), 노후 건물인데 신축이 예정인 경우, 단순 매매인 경우, 밸류 애드를 통한 가치 상승을 노리는 매수인의 경우 등 경우의 수는 너무나 다양하다. 이런 다양함에 맞추고 의뢰하는 건물에 특화해서 제안할 수 있어야 한다.

대형 건물일 경우 '회사 대 회사'로 일하기를 선호한다. 특히 부동산 자산관리를 오래 진행해온 기업이라면 자신들이 요구하는 제안서의 목차를 만들어 보내는데, 그 제안서를 RFP(Request For Proposal)라고 부른다. 이 경우는 '내가 저 건물을 수주하고 싶다'는 마음이 있어도 제안할 기회가 없다. RFP를 보내는 회사에는 결재 체계도 있고 업무의 투명성, 공정성이라는 취지의 선정 기준과 감사 기능이 있을 것이다(뒤에 깔린 이해관계를 알고 있어야 한다). 여러 개의 부동산 회사를 복수로 선정할 것이고 내부적으로 무수히 많은 회사 중에서 RFP를 5군데 또는 10군데 보내는 이유도 근거 서류를 남길 것이다. 이 과정에서 접촉을 하고 있다면, 선정 여부를 떠나서 기회는 잡을 수 있을 것이다.

보통 이런 경쟁 입찰이나 수주 방식으로 건물주가 용역사(임대대행, 자산관리, 시설관리 등)를 선정하는 경우에는 자신들의 내부 선정 방식과 채점 방식이 따로 있기 때문에 건물주가 '목차'를 지정해서 RFP를 보내온다.

RFP에는 다음과 같은 것을 부동산 회사가 작성해서 제안서에 담으라고 요구한다. 제안하는 회사의 회사 소개, 회사 인력 구성과 실적, 마케팅 계획, 수수료 제안, 특별한 제안 그리고 심지어는 현재 관리하는 실적을 바탕으로 자신의 건물에 관심을 둘 만한 가망 임차인의 명단이나 임차의향서까지도 제출하라고 요구한다. 만만하게 작성할 서류가 아니다.

반면에 규모가 작은 중소형 건물의 경우는 목차의 규제가 크지 않다. 규모가 작아도 기업 소유인 경우에는 앞서 이야기한 대형 건물의 프로세스를 갖추기도 한다.

개인적으로 작은 건물이 과대한 행정절차를 원하는 경우에 나는 일을 거절하는 편이다. 일한 대가가 맞지 않기 때문이다. 그러나 중소형 건물의 소유자는 대부분 개인인 경우가 많기 때문에 제안서는 에이전트가 목차를 잡고 작성하면 된다. 물론 에이전트가 일방적으로 제안서를 만들어서 건물주를 찾아가는 것은 아니다. 사전에 건물주와 충분한 미팅을 통해 니즈를 파악하고 가려운 곳을 확실히 긁어주는 제안을 해야 한다. 아직 전속은 받지 못했지만, 충분한 시장조사와 마케팅 방안의 연구가 들어가야 한다는 의미다.

★　★　★
사람의 마음을 움직일 포인트를 찾아라

건물주는 소유한 부동산에 임차인을 채우지 못하거나 안 팔리는 문제로 답답해하고 있다. 이성적으로 생각해서 상품성을 만들기 위한 다양한 방법을 원론적으로 컨설팅할 수 있지만, 가장 먼저 해야 할 일은 마음고생에 대한 공감대를 형성하고 건물주가 가진 고민거리를 해결할 사람이 바로 나라는 사실을 알리는 것이다.

특히 개인 건물주를 대상으로 수주 영업을 진행할 때는 더욱더 감성적인 터치를 소홀히 해서는 안 된다. 철저하게 고객이 가진 문제에 대한 대책을 세워야 하지만, 비록 사실인 문제라도 마음이 다치지 않도록 주의한다.

예를 들어 '무작정 낡은 건물치고는 비싸다, 이런 점이 안 좋다, 저런 점이 별로다' 하는 이런 단점은 실제로는 건물주가 이미 다 알고 있지만 내색하지 않는 것이기 때문이다. 알고 있는 개선 사항을 어떻게 할지 몰라서 못 하고 있거나, 예산 부족이나 가족 중 일부의 반대로 진행하지 못하는 등 알 수 없는 이유가 있을 수 있다.

첫 미팅에서 원인을 찾도록 노력하고 이성적 리서치에 근거한 대책과 마음을 다스려줄 감성적인 방법을 모두 생각해야 한다. 사람은 대부분 결정의 순간이 다가오면 계산기를 치우게 된다.

★　★　★

언제나 준비된 상태를 유지하라

평소에 파밍이 잘돼 있어야 하는 궁극적인 이유는 언제나 준비된 상태를 유지하기 위해서다. 우리가 신축 건물을 수주하거나 임대차, 매매 등 부동산 업무를 의뢰 받는 지역은 평소에 활동하는 파밍 지역일 가능성이 높다. 매일 영업하는 지역에서는 현재의 공실, 향후 수개월 사이에 공실이 될 공간, 가격 정보, 위치별 가격 비교, 신축과 구축 건물 간의 가격 차이, 파밍 지역 내 건물 숫자 및 각 건물의 층별 임차인 등 영업에 필요한 데이터를 항상 관리해야 한다.

이런 철저한 일상의 지역 관리를 진행하면서 수주 대상을 오늘도 내일도 모레도 계속 만나 설득해서 내 고객이 되게 만드는 과정이 파밍이다. 준비된 자에게 기회가 온다고 하지 않는가? 당신이 수개월 공들인 수천 평의 신축 예정 건물의 임대대행을 수주하게 되는 것이다. 평소에 파밍 지역에서 크기를 가리지 않고 계약하고 있던 당신에게 대형 수주의 기회가 오는 것이다.

꼭, 기억하자. 갑자기 큰 계약이 광고를 많이 한다고 내 것이 되는 게 아니다. 요행으로 된다고 해도 준비가 안 된 에이전트는 고객에게 실력을 들키게 된다. 고객은 항상 옳다. 고객을 속일 수 있다고 생각하면 안 된다.

아무리 신입 에이전트라고 해도 6개월 정도, 반경 500미터 정도의 파밍 지역에서 충실히 파밍을 하면서 고객과 물건을 찾는 과정이 쌓이면 그 동네에서만은 대한민국 최고의 전문가가 된다.

처음 일을 시작하면서 욕심을 부려서 큰 계약만을 쫓거나 금방 부동산 전문가가 될 수 있다는 생각을 버려라. 대신 자신의 파밍 지역, 그 작은 지역에서는 그 누구도 따라올 수 없는 압도적 전문가가 되어 보는 거다.

"아, 노연우(가명) 사원! 그 사람은 선릉역에서는 모르는 건물이 없죠."

이 정도는 돼야 파밍 지역을 넓혀 나가도 되는 것이다.

어느 수준에 오르기 전까지는 고생을 좀 해야 한다. 그러나 수익이 발생하기 시작하면 덧셈이 아닌 곱셈으로 증가할 것이다. 그러니 몰입해 보기를 권한다. 열심히 하지 않고 혼자서 나름 시간을 보냈는데 돈이 안 벌린다고 징징대는 행동이나 채용 사이트를 검색하는 나약함을 보이지 말라고 말하고 싶다.

100% 인센티브 성과급인 에이전트 생활이 힘들다고 월급쟁이를 하기 위해 취직한다는 사람을 자주 본다. 그건 오산이다. 월급쟁이 생활을 우습게 보지 말기 바란다. 직장 생활은 훨씬 힘들다. 넥타이 부대의 삶도 만만하지 않다. 월급은 9~6시까지 내 인생의 시간을 대신 공급하고 받는 돈이다. 이왕 에이전트를 시작했으면 6개월 정도는 인생에 없다고 생각하고, 일만 하라고 말하고 싶다. 세상에 공짜는 없다.

★ ★ ★
고객이 원하는 답을 가장 앞에 배치하라

강력한 브랜드 파워를 가진 부동산 회사일수록 회사 소개를 길게 하지 않는다. 아니, 그럴 필요가 없다. 건물주가 개인인 경우는 회사 소개에 관심을 안 갖는 경우도 있다. 가장 중요하게 생각하는 것은 당연히 마케팅 방법이다.

'어떻게 건물을 채울 것인가?', '어떻게 자산관리나 시설관리를 할 것인가?' 하는 것들이 건물주가 원하는 답이다.

내가 목차를 만들고 제안서를 구성할 때는 항상 마케팅 방안을 가장 먼저 제안서 앞쪽에 배치해서 작성했다. 1시간 정도 제안서를 설명하는 프레젠테이션의 기회를 얻게 되는 경우, 엄숙하고 어색한 회의실에서 온전히 1시간을 집중해서 내 이야기를 들어줄 건물주는 없다. 제안서 책자를 주르륵 넘겨 보면서 내 말을 끊고 자신들이 하고 싶은 질문을 하기 시작한다. 말릴 수도 없다. 그래서 나는 건물주가 가장 듣고 싶어 하는 말을 제일 먼저 한다. 그리고 20~30분 사이에 혼신을 다해 마케팅 방법을 설명한다. 나에게 집중시키고 듣게 한다. 끝으로 미팅을 다 마친 후 이렇게 이야기한다.

"우리 회사야 다 아시죠? 우리 회사 모르는 건물주는 안 계시잖아요?"

운이 좋아서인지 모르지만, 30년 정도 부동산 일을 하는 동안 근무했던 회사가 명함만 내밀어도 다 알 만한 좋은 부동산 회사였다는 점에 감사한다. 그리고 심사 위원들에게 내가 질문한다.

"여러분, 제가 방금 말씀드린 대로 제가 실제 실천한다면 입주할 임차인을 못 찾을까요?"

이에 대해 찾을 수 있다는 답을 들으면, "그럼 저에게 일을 맡겨

주십시오!"라고 말한다.

여러 가지 방법을 복합적으로 쓰고 영업했겠지만, 결과적으로 내가 프레젠테이션을 한 수주전에서 수주 확률이 높은 편이었다. 몸담았던 회사의 파워라고 생각한다. 내 공도 조금은 있을 거다.

★　★　★
자신을 어필하는 것도 중요하다

신입 에이전트는 자기 경험과 실력이 부족하기 때문에 일을 시작할 때 좋은 회사를 선택하는 것이 성공의 첫 단추다. 제일 중요한 일이다. 처음에는 ○○ 회사의 노연우(가명)라는 신입 명함으로 일하지만, 경력과 실력이 쌓이면 그 사람이 속한 회사도 매우 중요하지만 기존 고객은 회사를 떠나서 자신이 검증하고 신뢰할 수 있는 에이전트에게 일을 주기도 한다.

○○ 건물의 경우, 소유사인 자산운용사가 건물에 투자한 펀드가 만기되어 건물을 다시 매각하는 시점에서 기존에 자산관리를 충실히 해오던 자산관리자(PMer)를 신뢰해 매도자 측에 매수 조건으로 기존 인력 인수라는 조건을 걸기도 하기 때문이다.

에이전트는 경력이 쌓일수록, 자신을 브랜딩하는 것도 부지런히 진행해야 한다. 자기 주요 실적을 SNS, 각종 미디어를 통해서 알리는 활동도 게을리하면 안 된다. 이제 개인의 브랜딩이 기업도 이기는 세상이기 때문이다. 이뿐만 아니라, 에이전트 개인이 몸담은 회사가 아무리 좋더라도 실력 없고 성실하지 못한 에이전트에게 전속권을 유지해주는 바보 건물주는 없다. 바로 타절이다. 돈으로 하는 게임은 오징어게임과 같이 생사를 넘나든다.

★　★　★

제안한 마케팅을 실행한 업무 과정을 공유한다

전속계약을 받지 못한 의뢰는 애당초 진행하지 말라고 언급했다. 그러나 대한민국 부동산 바닥의 관행상 일반 중개 의뢰는 피할 수 없다. 경력이 쌓인 에이전트라면 전속이 아니라 하더라도 의뢰를 접수해도 좋다. 매주 시간을 보내면서 계속 전속으로 받기 위해 설득할 수 있기 때문이다. 이 설득이라는 것은 매주 화려한 말을 준비해 고객을 현혹하라는 뜻이 아니다. 그렇게 속을 건물주가 아니다. 그래도 전속까지 받으려는 건물이라면 시간과 노력을 투자할 만한 가치가 있는 건물일 것이다. 하지만 건물주를 알게 된 기간이 얼마 되지 않는 경우도 많을 테니, 건물주에게 나를 전속 에이전트로 지정해도 큰 문제가 없다는 검증의 시간을 줘야 한다.

그렇다면 시간이 지난다고 저절로 검증되는 걸까? 당연히 아니다. 검증이 가능한 데이터를 줘야 한다. 실제로 건물주에게 제안한 내용 안에 들어 있는 마케팅 방안의 액션 플랜을 실행하는 것이다. 임차인 유치, 매매를 위한 활동을 하라는 의미다. 아주 신경 써서 세심하게 고객을 찾는 활동을 하고 그 기록을 업무보고 한다.

제안한 건물이 당신의 파밍 지역 안이나 인근에 있을 가능성이 크기 때문에 이것은 어려운 일이 아닐 것이다. 그냥 파밍 지역 안에 있는 동급 건물 중에서 이미 우리가 만나는 가망 고객을 대상으로 콕 찍어내서 ○○ 건물로 이사 올 생각이 있는지, 이 건물을 살 생각이 있는지를 묻는 액션을 더 집중적으로 하면 된다. 어차피 하는 일을 해당 건물에 특화해서 영업하면 된다. 물론 전속 건물로 그 건물을 수주하는 것은 중요하지만, 이 과정에서 자신이 어차피 영업하던 것을 조금 더 몰입해 보는 것이다.

예를 들어 일주일간 50여 개 회사를 직접 만나서 우리 건물로 들어올지를 태핑(Tapping: 간단한 맛보기 제안 활동)해 봤다고 말하면서, 그 결과 40군데는 자료만 받고 이사 계획이 없다고 했다는 이야기와 2~3군데인 ○○○ 기업, ABC 상사는 관심을 보이며 답사 날짜를 잡기로 했다고 구체적으로 회사 이름과 상담 내용이 상세하게 들어간 업무보고를 진행한다. 그리고 건물주에게 물어본다.

"제가 한 것처럼 업무보고한 부동산 회사가 있었습니까?"

고객은 그런 부동산이 아직 없었다고 이야기할 것이다. 부동산 일을 30년 가까이 하다 보면 알게 된다. 생각보다 부동산업을 하는 많은 사람 중에는 열심히 하는 사람이 얼마 되지 않는다. 업무보고를 할 때 당신은 건물주에게 1~2주 업무보고에 만족하는지 꼭 질문하고, 나의 부동산 서비스에 만족한다는 답을 들어야 한다. 결국 목적은 당신을 반신반의하는 처음 만난 건물주에게 받은 일반(중개) 의뢰를 전속중개, 전속 컨설팅 용역으로 변경하기 위한 활동의 일환이다. 이때, 건물주는 당신뿐만 아니라 누구에게도 전속을 안 준 건물주일 가능성이 높아서 어떤 면에서는 더욱 유리하다. 그리고 1~2주 사이에 경쟁자 누구도 일반 중개라 당신보다 열심히 안 하고 있을 것이기 때문이다.

설득할 수 있을 만큼 설득하고 그래도 설득이 안 되면 그때 고객(전속)이 되지 못했으니 버리면 된다. '버린다'는 의미를 부정적으로 생각하면 안 된다. 부동산 일의 성공은 전속을 받고 그 전속을 처리하는 과정이라고 극단적으로 이야기할 수 있다. 최소한 건물주가 나에게 '영업권'을 보장해주지 않는다면 그 일은 안 하는 것이 맞다. 세상에는 널린 것이 건물이다. 초장부터 불신인 건물주와는 일 해봤자 훗날이 슬퍼진다는 것을 경험했기 때문이다(전속계약을 맺어도 해지하고 싶다면 해지 못하는 것도 아니라는 것을 경험했다).

중요한 것은 전속을 받지 못한 건물의 건물주를 대상으로도 전속에 준하는 활동을 1~2주는 하면서 건물주에게 '나의 영업'을 보여주는 것임을 잊지 말아야 한다.

고객이 원하는 방식으로 업무를 공유한다

고객이 원하는 방식으로 업무를 공유한다는 것은 고객에게 '안심'을 주는 행위이며, 에이전트가 나태해지지 않을 방법이기도 하다. 아무리 작은 건물이라도 수억, 수십억, 수백억의 자산 가치를 갖는다. 신축이든 노후 건물이든 건물을 나에게 맡긴다는 의미를 정확하게 알고 움직여야 한다.

에이전트는 전속계약을 마음껏 영업할 수 있는 계약이며 책임중개, 책임 컨설팅의 대상이라고 생각해야 한다. 가장 어리석은 사람이 전속계약을 수수료 확보권으로 인식하는 것이다. 말로는 그렇게 표현하더라도 행동으로 옮기지 않아야 한다.

고객의 의심을 사면 불신이 커지고 전속계약은 언제든지 파기될 수 있다. 전속 파기는 아니더라도 성공 보수가 깎인다. "한 일이 뭐냐?" 이런 질문을 받게 된다는 말이다. 전속계약으로 임대차, 매매, 컨설팅을 수주하고 나서 정말 주의할 점이 고객과 업무를 공유하는 것이다. 수시로 보고할 것이 있고 정기 보고할 것이 있다. 그 형태와 형식을 고객과 협의해 결정해야 한다.

고객이 개인인 경우는 편리한 시간과 방법으로 정기, 비정기 업무보고와 업무 진행 방향을 위한 연락망을 구축한다. 카톡방을 개설할 수도 있고 이메일, 대변 보고 등 여러 가지 방법을 병행해 사용한다.

월간 보고서는 에이전트가 한 달간의 업무를 정리해 보고하는 차원 이외에, 에이전트가 열심히 일하고 있다는 업무 일지와 같은 역할과 함께 지금 제대로 된 방향으로 마케팅이 이루어지고 있는지 점검하는 중요한 수단이 된다.

기업 고객의 경우는 에이전트에게 업무를 맡긴 기업의 담당자가 자기 상사에게 부동산과 관련한 보고를 언제나 제대로 할 수 있도록 지원해야 한다. 개인과는 조금 다르게 해당 담당자 자체가 직장으로 출퇴근하는 시간 전후에 개인 생활을 존중받고자 할 수 있으므로 보고와 연락의 시간을 매우 예민하게 생각할 수 있다. 담당자의 출근이 9시라면 되도록 8시 20~30분 정도에 '어제는 어떤 활동을 했고, 오늘의 계획은 무엇인지'를 간략하게 문자(카톡)나 이메일로 간단히 보내 놓는다. 사무실에 해당 담당자가 출근하자마자 그의 직속상관이나 결정권자가 '건물에 관해 질문'할 수 있다는 생각을 늘 해야 한다. 이뿐만 아니라 건물주의 직원인 담당자가 강력한 나의 지지자가 되도록 만들어야 한다. 최고의 포섭 방법은 담당자의 업무를 경감해주고 실제 부동산 이슈가 잘 해결되어 담당자가 상사에게 칭찬을 들을 수 있게 지원하는 것이다.

나는 기업의 부동산을 전속 맡게 되면 담당자에게 '이 건물과 관련한 업무보고가 별도로 있는지', '회사의 주간 업무보고는 언제인지' 등을 질문한다. 그리고 사내보고 양식이 있다면 폼을 달라고 한다. 담당자의 사내 보고서 중 내가 맡은 건물에 해당하는 부분은 직접 작성해서 고객사의 내부 업무보고 일자 전에 보내 놓는다. 이렇게 하면 담당자의 일도 줄어들지만, 부동산 전문가가 아닌 담당자가 보고서를 만드는 과정에서 생길 오류나 오해를 미리 막을 수도 있다.

고객 건물이 아니라 내 건물이라 생각하기

★ ★ ★

타인의 건물로 내 건물 관리법을 배운다

1. 건물주의 입장으로 늘 생각해 본다

"너처럼 돈 없는 놈들은 날 이해 못해!"

"너는 은행에 빚이 150억 있어?"

내가 열심히 자신의 건물 임대차 업무에 몰입해주지 않는다고 느꼈던 고객이 내게 했던 말이다. 나는 건물을 전속 건물로 수주하면 이날을 항상 떠올린다.

"당신 건물도 아닌데 적당히 해도 됩니다." 이런 말이 나올 정도로 전속 건물과 에이전트인 나 자신을 일체화해서 일해야 한다. 항상 표현도 '내 건물, 우리 건물'이라고 표현한다.

50억이 없는 사람은 50억을 가진 사람을 이해 못하고, 1,000억 원 상당 건물의 소유자가 건물 담보 대출로 300억을 갖고 있을 수도 있는데, 300억의 빚을 내 이름으로 갖고 있지 않은 사람은 그 중압감을 이해하기 힘들다. 물론 300억에 대한 이자는 1,000억 원짜리 건물에서 충분히 나오고, 수익률을 생각하면 대출 없이 부동산을 구입하는 것이 더 이상한 일이기도 하지만 빚이 300억이 있는 것도 사실이다. 그런데도 700억의 자기 자본으로 건물을 산다고 한다면, 나는 1,500억 원이나 2천억 원의 건물도 권할 것이다. 레버리지는 최대한 활용하는 것이 자본주이니까.

그럼, 건물주의 마음이라는 것을 우리는 왜, 이해해야 할까? 그들의 뇌 구조를 갖지는 못하더라도 이해는 해야 전속 대리인으로 건물을 수주할 수도 있고 고비 고비를 넘기면서 건물주를 설득하고 협상할 때마다 효과적으로 대응할 수 있다.

열심히 일해서 고소득을 올리면 에이전트 자신이 작은 건물이더라도 건물주가 되어 공실과 대출에 대한 부담도 가져 보길 권한다. 아마도 자신이 영업 활동 중에 겪는 고민과 어려움과는 비교도 안 되게 고통도 따르는 것이 건물주의 삶이라는 것을 알게 될 것이다.

2. 언제든지 건물주가 되겠다고 생각하면서 영업한다

부동산 에이전트는 고객에게 좋은 부동산을 소개해주고 팔아주는 일을 한다. 평생 남 좋은 일만 하려고 이 직업을 택한 것은 아니다. 우리는 부동산 투자에서 정보의 집합소에서 일하고 있다. '부동산 투자의 멜팅팟(Melting Pot)'이 우리의 직업인 부동산 에이전트다. 열심히 일하고 모은 돈으로 언제든지 우리도 건물주가 되겠다고 생각해야 한다. 남 좋은 일만 하려고 이 직업을 선택하지 마라.

어느 텔레비전 광고의 "열심히 일한 당신, 떠나라."라고 한 말이 생각난다. "열심히 일한 당신, 건물주가 돼라."라고 말하고 싶다. 어느 매도자의 매물 접수가 있을 때 내가 사고 싶은 정도로 좋은 물건이고 돈이 있다면, 현금흐름을 짤 수 있는 범위 내에서 도전할 만한 물건이라면 직접 매입하는 것도 방법이라고 할 수 있다. 중개업법상의 자기거래라는 말과 오해해서 듣지 말기 바란다. 그런 사고라면 부동산쟁이는 다 임대로 살아야 한다.

부동산을 산다는 의미를 나는 '지구본(세계 지도) 위에 내 것이라고 점을 찍는 행위'라고 생각한다. 건물 크기에 따라 점의 크기 차이는 있겠지만, 한정된 지구 표면에 나만의 땅을 갖는 행위라고 생각하면 얼마나 멋진가? 과거에 내 고객인 매수자가 매입을 망설이고 주저할 때 토지 매도를 진행하던 부동산 사무실 벽에 붙은 지도에 매직으로 점을 찍으면서 내가 한마디로 말했다.

"지금 이 땅을 사시는 것은 전 세계 지도 위에다 이 땅은 사장님 땅이라고 점을 딱 찍는 겁니다."

여러분도 영업할 때 사용해 보라. 그렇게 부동산 매매는 멋진 일이고 재산을 산다는 의미만이 아니라, 꿈과 행복을 거래하는 행위라고 나는 믿고 있다.

우리는 태생이 남의 건물을 관리해주려고 이 직업을 택한 것이 아니다. 직업을 통해서 당신도 좋은 건물주가 될 기회를 얻고 있다. 지금 당장 돈이 없어도 다른 직업보다는 건물주가 될 기회는 가장 크다. 일단 우리는 '판'에 들어와 있기 때문이다. '건물주의 투자 놀이판' 말이다. 놀이라고 표현할 정도로 많은 건물주는 건물 투자를 놀이와 같이 즐기고 있다. 같은 사고를 갖고 공감하면서 건물주에게 좋은 투자 물건을 찾아 거래를 거듭하다 보면 에이전트인 우리도 수수료 수입이 늘어나 있을 터이니 기회의 문턱 앞에는 항상 우리 직업인 사람들이 문을 지키고 있다고 봐도 무방하다.

"성공하기 위해서는 성공할 때까지 성공한 척을 하라."라는 말이 있다. 부동산 비즈니스를 시작하는 사람이라면 처음에는 부동산 일을 통해 생활하고 가족과의 행복을 위한 수익을 벌기 위한 수단으로 삼지만, 어느 순간 자신이 자산가가 되는 '소박한 꿈'도 꼭 꿔야 한다고 생각한다. 그런 면에서 부동산 에이전트는 얼마나 좋은 직업인가?

이제 금수저만 부자가 되는 세상이 아니다. 돈을 관리할 줄 모르게 자식을 풍족하게만 키운 영감님들의 자녀가 물려받은 건물을 날려 먹는 일도 흔하다. 그만큼 재산을 지키기도 쉬운 일이 아니고 누구나 자신의 힘으로 부자가 될 수 있는데, 그러기에 부동산 에이전트는 그것을 가능하게 만들어주는 좋은 직업이다. 물론 열심히 하는 에이전트만 말이다.

이런 사고를 갖고 일하는 에이전트가 맡은 건물은 더 빨리 채워지고 더 좋은 조건에 거래된다. 나는 평생 그런 마음으로 일했다. 내가 남의 돈 수백억으로 건물을 지어도 보고, 채워도 보고, 팔아도 보고, 고쳐도 보는 다양한 연습을 리스크 없이 해보는 것이다. 후에 내 자산이 생기면 잘 관리할 확률 역시 높아진다.

★ ★ ★

임대 전속이라도 자산관리자라고 생각하며 일하자

1. 임대차 전속이라는 제한을 버려라

배 주인이 배를 칠해 달라고 하여 수리공이 배 밑에 구멍이 크게 난 것을 알면서도 배 주인에게 이야기 안 해주고 페인트칠만 한다면? 배는 항해가 목적인데, 그것을 못 하게 하는 거와 다름없다.

부동산으로 이야기하자면 나에게 임대차 전속을 준 고객이기 때문에(자산관리자가 아니라) 자산 증식에 더 큰 솔루션이 있음에도 가만히 있으면 안 된다는 뜻이다. 당연히 공짜로 해주라는 뜻도 아니다. 일거리를 끊임없이 만들 생각을 하라는 의미다.

건물과 관련하여 일하는 전문가의 분야는 건물 규모가 커지면 커질수록 다양화된다. 건물주는 수익률도 고민해야 한다. 건물을 수주하려는 다양한 업종의 건물관리 회사(임대차 전속 용역 회사, 중개법인, 컨설팅 법인, 시설관리 회사, 자산관리 회사, 승강기 수리 업체 등)가 존재한다. 각각의 회사도 다른 회사와 경쟁해서 특정 건물을 수주하는 것이다. 경쟁은 상당히 치열하다. 건물주는 용역 업체에 의리를 지키는 일은 없다. 용역비에 대한 돈값을 하면 용역은 유지되고, 불만족스러운 서비스는 계약 해지로 이어지는 살벌한 세상이 부동산 월드다.

업의 경계도 무너지고 있다. 특히 중소형 건물은 분야별로 일을 세분화해서 분리 발주를 할 수 있는 충분한 임대 수입(관리비 포함)이 발생하지 않기 때문에 건물을 최선의 상태로 운영하는 데 어려움이 있다. 소방관리자를 선택해야 하는데 비용을 아끼기 위해 건물주나 건물주의 배우자가 소방관리자와 같은 자격을 취득하기도 한다. 내가 아는 병원장 사모님은 평생 사모님으로 살았는데, 건물을 매입한 이후에 매일 출근하는 관리소장이 되었다고 나에게 한탄하기도 한다. 즐거운 한탄이라고 일단은 위로하지만, 실제로는 고통이 상당할 것이다.

단순히 자기 일만 잘한다고 자신이 하는 건물 관련 분야의 일을 수주하는 세상이 아니다. 자산관리 회사를 선정하는데도, 임차인 유치 솔루션이 입찰의 채점에서 제일 높은 점수를 차지하기도 하는 것이 하나의 예다. 주로 중소형 건물을 업무 영역으로 삼아 일을 시작하는 신입 에이전트에게는 새로운 기회가 열린 것이다. 똘똘한 임대 담당자는 이런 틈새를 활용해서 PM(자산관리)의 역할까지 수주할 수 있는 것이다. 임대 업무를 맡아서 임차인을 유치하겠다는 한 가지 분야만으로 건물 수주를 제안하는 것이 아니라, 입주 후에도 임차인에 대한 입주 서비스 유지와 강화를 통해서 임차인의 이탈(이사)을 막을 수 있고, 임차인이 건물에 입주하거나 퇴거할 때 인테리어와 원상복구 공사 관리를 통해서 건물의 하드웨어를 보존하는 서비스를 함께 제안할 수 있을 것이다.

큰 건물은 별도의 자산관리자를 지정해 가치 증진, 임차인 유치, 시설관리 분야에 대한 전문 분야를 수십 개 전문 외주 업체를 통해 건물을 관리하고 있다. 중소 빌딩은 여건상 그러기 힘들기 때문에 임대대행을 수주하기 위한 중개법인, 컨설팅 법인이 자산관리의 전 분야 중에서 중소 건물에서 필수적으로 필요한 분야만을 간단히 정리해 전속 임대대행 업무를 에이전트인 나에게 맡기면 임차인 유치 서비스는 기본이고, 약간의 부담스럽지 않은 월정 금액으로 자산관리 업무까지 위탁할 수 있다는 제안을 할 수 있을 것이다.

2. 지속적인 자산관리를 제안하라

최근 몇 년, 건물의 매매 시장은 압도적인 매도자 우위 시장이었다. 좋은 동네의 꼬마빌딩은 하루가 다르게 매매 가격이 올랐고 수일 사이에 수억, 수십억이 급상승하는 기현상도 겪었다. 비싸게 건물을 살 수밖에 없는 매수자는 수익률이 1% 전후의 낮은 상황에서도 향후 매각 차익을 생각하고 매수를 결정했다. 이런 현상은 대형 건물도 마찬가지였다. 대형 건물은 대부분 자산운용사와 같은 기업이 매입하는 경우가 많았고, 분야별 전문 인력을 충분히 투입해 건물의 가치가 상승할 수 있었으며 낮은 수익률을 상승시키고 높은 매각가로 되팔곤 했다.

　개인 건물주가 대부분인 중소형 건물은 이런 면에서 다소 취약하다. 대형 건물의 밸류 애드(가치 상승) 프로그램의 범위는 매우 광범위하지만, 중소형 건물은 좋은 임차인으로 교체하거나 간단한 리모델링을 통한 가치 상승 정도를 생각할 수 있는데 이 또한 그렇게 쉬운 일만은 아니다. 고민의 고민을 거듭해야 한다. 건물주는 이런 고민을 옆에서 같이하고 주기적으로 만나서 솔루션이나 개선점을 도출할 사람을 원한다. 에이전트는 이런 건물주의 니즈를 이해하는 와중에 차별화된 맞춤형 서비스를 제안해서 월 고정 수입이 가능한 PM(PM의 전체 업무 중 해당 건물에 특화된 간략 버전)을 전속 임대대행(LM) 업무와 동반해 수주한다면 고정 수입+임대대행 수입(유동 수입)이라는 수입의 다변화도 가능할 것이다. 이런 Semi-PM 건물이 5건, 10건이 넘어가면 상당한 고정 수입이 확보되는 상황도 연출될 것이다. 단 에이전트는 자신이 투입한 노력과 시간에 대한 확실한 보장을 담보로 일해야 하고 일을 통해 매출을 내야 하는 사업가이기 때문에 본의 아니게 이용당해 자기 시간이 낭비되지 않도록 유념하기 바란다. 무료 상담, 무료 서비스를 당연하게 생각하는 건물주가 생각보다 많다.

나는 개인적으로 상담료를 받거나 전속계약을 작성한 상황에서만 제대로 된 솔루션을 보여주라고 이야기한다. 에이전트는 부동산 전문가로서 제공하는 고품질의 부동산 서비스에 걸맞은 수익을 고객에게 당당히 말해야 한다. 유니세프가 아니다. 무료 상담은 그만하라. 마지막으로 이 점을 기억하자.

- 첫 미팅에서 질문을 통해 고객의 니즈를 확인한다.
- 첫 미팅에서는 내 이야기는 질문과 공감뿐이어야 한다 (80% 시간을 듣는 데 사용하라).
- 내가 할 수 있는 서비스를 제안하고 전속계약을 설명한다.
- 과거 성공 사례를 설명하고 활용했던 제안서를 보여주며 말하라. "건물주님의 건물만을 위한 솔루션을 제안받아 보시겠습니까?"
  "예스!"라는 답을 얻었다면, 전속계약서에 사인받기를 바란다(전속계약서에는 전속 기간 제공할 서비스 항목, 계약 기간, 수수료, 해지 조건이 필수로 들어가야 한다).
- 에이전트도 건물주를 선택해서 일할 자유가 있다.
  우리에게 인간적 존중을 갖고 일한 대가를 지불할 용의가 있는 나이스한 건물주를 만날 때까지 에이전트는 영업이라는 행군을 하는 것이다.

5 장

계약 성공

전속계약이 거래 성공까지 이어지는 방법

★ ★ ★

모든 약속의 목적은 전속계약 수주다

1. 전속 제안 프레젠테이션을 해본다

부동산 산업이 선진화된 서구 사회에서는 '전속'이라는 단어 자체를 쓰지 않는다. 당연히 부동산 중개 의뢰는 '전속'이기 때문이다. '리스팅'이라고 표현하는 전속으로 한 곳의 회사와 물건접수, 매물 접수라는 의미가 우리나라 부동산 중개에서 아직도 일반화되어 있는 일반 의뢰가 아니기 때문이다. 물론 전속중개라는 단어 자체도 공인중개사가 되기 위해 공부하다 보면 수험서에도 나와 있는 말이지만, 방법론적으로는 정확한 이해를 못 하고 있다고 생각한다.

나는 '전속중개'라는 단어는 '전속 책임중개'라고 표현한다. 책임이라는 단어에 더 큰 비중을 두고 싶다. 한 명의 에이전트에게 건물주가 자신의 자산을 일정 기간 맡기는 아주 무거운 의미가 있다. 그냥 쉽게 '전속 달라'는 구두 전속이나 빈 건물에 임대 현수막을 건물 정면에 붙이는 그런 형식적인 행위를 전속으로 이해하면 안 된다. 보통은 그 자체가 고객을 끌기 위한 광고 채널쯤으로 생각하는 부동산 중개인이 많기 때문이다.

에이전트는 자신의 영업 타깃이 되는 부동산을 파밍하면서 자신의 영업지역에서 여러 건 찾아뒀을 것이다. 건물주를 만나서 빈 곳의 임대료와 임대조건 등도 조사하고, 매매를 염두에 두고 있는지 등 여러 이슈를 확인하고 있을 것이다. 이때, 확인한 고객의 니즈에 맞춰 자신이 제공할 수 있는 서비스에 대한 설명과 전속을 제안해야 한다.

'제안'이라는 단어를 사용하는 것은 고객이 납득할 '솔루션'을 설명하고 건물주가 에이전트인 나를 자신의 대리인으로 선정하게 만들어야 하기 때문이다. 되도록 서류에 제안을 담아서 고객에게 전달하지 말고, 사무실이나 가장 효과적인 장소를 골라서 고객에게 자신의 제안을 직접 프레젠테이션하라고 권하고 싶다.

대형 건물은 건물 소유자 측에서 자신의 건물을 임대, 자산관리, 시설관리 등 분야별로 적합한 대행사를 선정하기 위해서 경쟁 입찰을 진행하고, 그 과정에서 다양한 제안을 역으로 요청하는 RFP를 보내기도 한다. 대형 건물은 건물 자체가 기업이거나 기업의 소유인 경우가 많기 때문에 자신의 건물에 최고, 최선의 제안을 하는 전문 기업을 대행사로 선정하려는 이유일 것이다. 대내외 감사도 준비하면서 말이다.

중소 빌딩은 이런 면에서 자유롭다. 자유롭다는 뜻은 에이전트의 노력으로 수주할 기회가 더 크다는 것이다. 대형 건물주(회사)의 1차 관문인 RFP를 받는 기회는 상당한 트랙 레코드(Track Record: 과거 실적)를 요구하기 때문이다. 다음에 설명하는 것을 중요하게 생각하자.

대형 건물 임대대행 제안서를 만들어 제안하는 대형 자산관리 회사의 제안서에는 들어 있는데, 중소형 빌딩을 많이 다루는 중소 자산관리 회사, 중개법인, 컨설팅 법인이 만든 제안서에는 대부분 들어 있지 않은 항목이 있다. 가장 큰 차이점은 '누구를 대상으로, 어떻게, 언제까지 건물 입주를 완성할지'하는 것이다.

품위 있게 표현하자면 마케팅 대상, 마케팅의 방법, 용역 진행 일정(목표 기한)이다. 2~3분만 잘 생각해 보라. 지금까지 임대대행 제안서를 만들어 본 에이전트라면 자신이 과거에 건물주에게 제출하고 프레젠테이션했던 제안에 이 세 가지가 적절하게 들어 있었는지를 말이다.

이 세 가지 항목을 잘 만들어서 제안한 제안서는 대부분 수주로 이어진다. 건물주 입장에서 전속 대행사로 선정 안 할 이유가 없기 때문이다.

2. 전속을 받아야만 효과적으로 홍보할 수 있다

아무리 잘 만들어진 상품도 '판매 중'이라는 사실을 누군가는 알아야 판매가 될 것이다. 간혹 부동산 중개업을 하는 사람들이 무슨 007 작전이라도 하듯이 자신이 의뢰받은 매물을 친한 부동산(신뢰하는) 공인중개사에게 공유하는 경우가 있다. 신뢰감이 없고 거래를 한 적이 없는 공인중개사나 고객에게는 소개하는 것을 주저하게 된다. 흔히 업계에서 이야기하는 '뒷박(뒤통수치기를 당하는 짓)'을 당하기 쉽다고 생각하기 때문이다.

꼬마빌딩이나 고가의 아파트도 금액이 만만치 않은 부동산 매매 시장에서 좋은 물건이 매물로 나왔다는 정보는 거래 시, '돈'을 확보하는 것이나 마찬가지이다. 보통 돈과 관련해서 사람의 마음이 신뢰를 지킨다는 것은 쉽지 않다. 입바람을 타고 전해 들은 역 앞의 좋은 빌딩 매매 정보를 그냥 한 귀로 흘려듣는 공인중개사는 없다. 어떻게 보면 부동산업을 할 자격이 없는 사람이다. 그러니 좋은 매물 정보는 비밀이 된다.

그런데 한편으로 생각해 보면 상품(매물)이라는 것이 많이 알려져야 팔릴 확률이 높아지지 않을까? 많이 알려야 빨리 팔리는데, 정작 알릴 수 없다? 그래서 전속중개 계약을 맺으라고 강조하는 것이다.

책임중개는 책임을 진다는 의미다

중개업을 실제로 오래 한 공인중개사도 전속중개라는 단어가 나오면 고개를 절레절레 흔드는 경우가 많다. 부동산 일을 처음 시작하는 사람이든지, 몇 년을 한 사람이든지 나에게 교육을 받은 에이전트에게 전속중개 계약을 체결하고 일했던 경험을 물으면 안 해 본 사람이 대부분이다. 해봤다는 사람도 대부분은 전속계약서를 작성하지 않은 구두 전속, 현수막 설치 등을 전속계약을 해봤다고 이야기하는 경우가 많다. 그런데 그건 전속중개가 아니다. 혼인 신고 없는 결혼과도 같다. 심지어 결혼식을 했지만 혼인 신고를 안 한 경우도 마찬가지다.

'전속중개 계약', '전속 용역 계약' 등 이름이야 다양하겠지만, 건물주와 부동산 에이전트가 서명한 계약서가 있어야 한다. 구두 전속도 유효하다는 말을 믿지 마라. 서명하지 않은 정식 계약서가 없는 전속계약은 결과물인 임대차 계약이나 매매 계약 성공에 도달할 가능성도 적다. 성공하더라도 마음 상하는 일은 꼭 기다리고 있다. 수억, 수십억, 수백억의 자산이 거래되는 엄청난 일 속에서 거래를 성사한 에이전트가 전문가로 평가받고 고마움의 대상이 아니라, 수수료나 탐하는 도둑놈처럼 취급받는 일은 업계에 허다하다. 오래 영업한 부동산 거래 전문가들은 '그러려니 하면서, 잘 협의해서 절충하여 자신의 대가를 엎드려서 받는 저자세의 행위'를 당연하게 생각하며, 업의 특징이라고 여기며 살아 왔을지도 모르겠다. 나 역시 신입 영업 사원일 때는 이런 일을 많이 겪었다. 26년을 일하면서 내가 답습한 업의 후진성을 업계 후배들에게 똑같이 겪게 하고 싶지는 않다.

나는 부동산 영업을 하는 에이전트는 극단적으로 말해서 전속 중개만을 하라고 가르치고 있다. 단 책임중개를 꼭 해야 한다고 강조한다. 매도자인 고객에게 한 명의 공인중개사만을 선택해야 하는 이유를 설명하고 납득하는 어려운 과정을 겪으라고 강조한다. 보통의 전속중개계약서에는 전속 기간, 수수료 약정, 전속계약 동안 제공할 서비스 내용 등이 들어가 있다. 약정된 기간에 나만이 독점적으로 중개할 수 있는 계약이다. 당연히 독점권을 갖게 되었으니 폭발적인 노출을 할 수 있다. 온 동네에 내가 팔고 있다는 적극적인 마케팅을 할 수 있다.

여기서 매도자 입장에서 좋은 점을 설명해 보고 싶다. 보통의 매도자는 빨리, 비싸게 팔고 싶은데 한 명의 공인중개사에게 일을 한정적으로 주면 기회가 줄어드는 게 아닌가 하는 불안감을 느끼게 된다. 그러나 실제로는 10명의 공인중개사를 일반 중개로 경쟁하게 하는 경우, 10명의 공인중개사 모두가 나를 위해 열심히 일해주지 않을 수도 있다는 사실을 알아야 한다. 그리고 매도자가 수시로 10명을 관리할 자신이 있는가? 심지어 10명의 공인중개사와의 1차 미팅에서 약간씩 다른 말, 다른 조건을 이야기해서 스텝이 심하게 꼬일 수도 있다. 시장을 보수적으로 보는 공인중개사의 말에 100억의 매물을 95억이면 판다고 이야기할 수도 있기 때문이다. 무슨 과거의 인터넷 사이트 매물처럼, 한 동네에서 같은 매물 같은 느낌이 드는 여러 매물 광고가 돌아다니는 현상이 발생한다. 같은 중고차 사진인데 다른 사람이 다른 가격으로 온통 인터넷 광고에 도배한다고 생각해 보라. 결국 팔리지 않으며, 시장에 안 팔리고 오래 돌아다니는 물건은 속칭 동네 물건이라 불리며 레전드 재고로 남게 된다. 시장에 오래 돌아다니는 물건은 상품성이 없는 물건으로 취급받으며, 그 동네를 모르는 외지인들이 부동산을 보러 왔을 때 그 외지인의 매수 진정성을 파악하는 불쏘시개 같은 역할로만 쓰일 뿐이다. 이뿐만 아니라 그런 건물의 건물주는 동네 부동산 사장님의 기피 대상으로, 거래를 같이하고 싶지 않은 건물주로 이상한 명성을 갖게 된다.

위와 같은 레전드 재고가 되지 않는 방법을 건물주 입장에서 설명해 보겠다. 이제는 건물주도 자신의 자산을 효과적으로 보유, 거래하기 위해서 상당한 능력과 정보가 필요하다. '건물 하나 갖고 있으면서 월세 받는 동네 부자' 이런 이미지는 이제 안 통하는 세상이다. 그러기에는 건물값이 너무 비싸다. 강한 '일물일가의 법칙'이 적용되는 시장이며 개별성이 더욱 강해지고 있다. 아무리 청담동에 같은 크기의 건물이라도 바로 옆 건물과 다른 매매가가 형성되는 시장이다. 건물이 갖는 위치 가치는 당연히 최고로 중요한 항목이지만, 최고의 항목에 육박하는 또 다른 중요 항목이 생겼다는 것이다.

디자인(설계), 외관에 드러나는 미적 감각, 임차인이 누구인지?, 1층을 누가 쓰고 있는지?, 몇 개의 임차인이 나눠 쓰고 있는지?, 건물 시설관리는 누가 어떻게 하는지?, 주변에는 어떤 상황이 벌어지고 있는지? 등 내외부적인 다양한 영향의 결과가 건물의 가치를 형성한다. 구닥다리 마인드로 부동산을 소유하면 안 된다는 것이다. 건물주가 가진 장점이 있다면 최대한 건물 자산관리에 적용해야 하지만, 보완할 점이 있다면 최고의 전문가를 선정해 대리인으로 만들라고 권하고 있다.

그렇다면 건물주는 어떻게 전속 부동산을 선정해야 할까? 앞서서는 부동산 에이전트 입장에서 건물주에게 전속을 제안하는 방법을 이야기했는데, 이와 크게 다르지 않다. 건물이 속한 지역의 지역 부동산을 포함해 자신이 소유한 건물과 유사한 규모의 건물을 많이 거래하는 부동산 중개업체를 다양한 채널(네이버, 인터넷 광고, SNS 등)에서 검색한다. 5~10개 정도 리스트를 만들어서 하나씩 만나 본다. 때에 따라 건물 규모가 3천 평 정도인 중형 건물이라면 5개 업체 정도는 한 번에 같은 날 같은 시간에 불러도 좋다(물론 한꺼번에 부르게 되면 부동산 업체를 대하는 방법은 달라진다. 개별 상담이 아니라, 건물을 소개하는 임대 설명회처럼 기획해야 할 것이다). 건물과 건물주를 소개하는 절차를 진행한 후에는 건물주가 가진 부동산 이슈에 관해 부동산 전문가인 전속 대행사가 될 예정인 후보군에게 최적의 솔루션을 정해준

시간까지 수수료 제안과 함께 들고 오라고 이야기하는 것이다. 이때, 부동산 업체의 적극성과 내 자산 가치 극대화를 위한 추가 제안까지 요구한다. 당연히 수수료도 상향해 지불하겠다는 의사를 밝힌다. 그리고 기다린다. 제안받고, 평가하고, 한 곳의 업체를 선정한다. 선정한 업체를 얼마나 잘 핸들링하며 한 팀으로 내 자산을 관리하느냐는 '건물의 승리'로 이어질 것이다.

부동산 업체에 요구할 내용을 제안서에 담으라고 요청한다. 언제까지, 누구를 대상으로, 어떻게 마케팅할 것인지?, 이미 진행하고 있는 기업이 있어서 통 임대를 진행할 곳이 있는지?, 누가 내 일을 할 것인지?, 전담할 에이전트의 프로필은 어떤지? 등도 알아본다. 더불어 사전 임대 마케팅의 성공으로 준공 전, 임차인 유치에 성공할 때는 수수료에서 인센티브를 주겠다는 기쁜 소식도 꼭 전해준다. 수수료를 아껴서 부자가 된 건물주는 보지 못했다.

★　★　★
기업 건물주를 상대하는 방법은 개인 고객 대응법과 다르다

공인중개사 업무를 하다 보면 개인 자산가를 대상으로만 영업하는 것이 아니고 기업을 상대로 일하게 되는데, 대응 방법이 달라야 한다. 개인의 경우 매도자, 매수자, 임대인, 임차인이 스스로 결단을 내리면 모든 것이 결정되기 때문에 의사 진행이 빠르고 거래도 빠르게 진행된다는 장점도 있지만, 잘못 대응하면 공인중개사와의 관계도 바로 끝날 수 있는 폭탄과도 같은 가능성이 늘 공존한다. 따라서 빠른 의사 결정을 돕는 스피디한 중개 진행과 객관적 데이터로 고객을 설득하면서도 감성적 터치를 계속해야 한다. 사람은 이성적으로 고민하다가 결국은 감성적으로 결정한다는 점을 잊으면 안 된다. 개인 고객을 대할 때는 해당 고객을 처음 만나는 순간 고객의 성격을 파악해서 언어, 말투에 신경 써서 상담해야 한다. 그만큼 말주변이 좋아야 한다는 말이다. 말주변은 노력, 연습으로 엄청나게 개선된다는 점도 명심한다.

나는 출퇴근 차 안에서 운전하면서 나 혼자만의 롤플레이(Role Play)를 통해서도 많은 연습을 했다. '누구를 만날 때 어떻게 이야기해야 하는지', '이렇게 이야기하면 이렇게 대답해야지'라는 시나리오를 갖고 대화에 임하는 것은 필수다.

반면 기업의 경우는 부동산을 거래하려는 기업의 어느 직급의 사람과 일하는지, 기업의 상황이 좋아서 파는지 나빠서 파는지 또는 그냥 파는지 등의 변수를 조합해서 대응해야 한다. 심지어 중소기업이냐, 대기업 자회사냐, 대기업이냐 하는 규모에 따라서도 다른 대응이 필요하다. 몇 가지 상황별 대응법에 관해 이야기해 보겠다.

에이전트가 기업 부동산을 자신의 전속 부동산 물건으로 만들기 위해서는 우선, 제안의 대상이 되는 부동산 소유회사에 관해 잘 알고 있어야 한다. 제조업인지, 어떤 물건을 만드는 회사인지, 소프트웨어 회사인지 IT 개발 회사인지, 그중에서도 게임 개발 회사인지 등을 파악해야 한다. 기업을 대상으로 일하다 보면 내가 부동산 이외에도 공부할 것이 참 많다는 것을 알게 된다. 어떤 특정 회사 이름을 들으면 뭘 하는 회사인지 알아듣고, 미리 고객이 어떤 이슈가 필요할지 머릿속에서 그림을 그려 본다. 그러는 도중 상대방이 말의 운을 떼면, 고객의 첫 마디에 따라서 내 머릿속의 창고 중에 적합한 창고의 문이 열리고 질의응답을 주고받게 된다. 당연히 첫 미팅은 아주 중요한데, 고객이 가장 진지하고 진솔하게 말하는 기회이니만큼 에이전트는 질문 위주로 물어보고 대부분의 말은 고객이 하게 만든다. 전체 미팅의 80% 이상의 시간을 고객이 말하게 하라.

첫 번째 미팅에서 고객의 니즈를 파악하면 고객과 2차 미팅에서 솔루션을 줄 것을 약속하면서 기대감과 함께 다음 미팅 시간을 잡는다. 더불어 내가 만난 담당자 위의 결재라인과 해당 기업의 업무보고 방식을 파악한다. 때에 따라 중소기업의 담당자는 경영자의 지인이나 가족인 경우도 있고 대기업의 경우는 업무보고 체계에 날이 서 있는 경우도 있기 때문에, 내가 만난 사람이 부동산 이슈에 있어서는 나로 인해 엄청나게 편하게 만들어줘야 한다. 그런 인상을 주고 실제 그렇게 만들어야 한다. 그래야 내부에서 내 편이 되어준다. 안에서 도와주면 나는 내 일만 열심히 하면 된다. 진짜 힘든 게 사내 정치에 휘말리는 것이다. 내가 맡은 담당자가 자기 상사에게 잘 보고하고 업무에서 인정받게 만들어주는 것이 내가 해당 부동산을 이 세상에서 나만 거래할 수 있게 만드는 것이다.

전속 받기 전에는 담당자에게 왜, 나에게 전속을 줘야 하는지를 잘 설득하고, 전속을 주면 담당자가 얼마나 편해질지를 강조해 업무를 제안하고, 전속을 받은 이후에는 담당자가 부동산 일에서는 업무를 내려놓을 수 있도록 지원한다. 사내 업무보고, 각종 리서치를 대신해주는 것이다.

참고로 기업 부동산을 전속으로 대행하는 때는 다음과 같이 질문한다.

"과장님, 사내에서 이 건으로 보고하시는 날이 정해져 있나요? 사내보고 양식의 빈 폼을 저에게 주십시오."

고객사의 주간 업무 양식을 받으면 주간 업무보고 전날 오전까지는 해당 부동산을 어떻게 마케팅하고 있는지 아주 상세하게 작성한 별첨과 함께 그 담당자의 언어로 표현해 담당 과장이 만든 것처럼 가공해서 보내고 설명해준다. 설명할 때는 되도록 대면으로 하는 게 좋다. 나에게 일의 기회를 준, 기업 담당자의 업무를 경감해 줘야 한다는 것을 잊지 말자. '내부 조력자 만들기'는 마음을 얻는 방법의 하나이다.

★ ★ ★
공부를 통해 자신을 전문가로 승진하게 하라

처음 상업용 부동산 일을 시작하고 영업지역에서 빌딩 스태킹 플랜(수직 MD, 층별 임차인 리스트)을 만들고 신축 빌딩이나 공실이 있는 건물 등 온종일 만나는 부동산 이슈에 대응하다 보면 어느덧 첫 계약도 하고 일상이 루틴하게 돌아가게 된다. 우리가 항상 일하면서 경계해야 할 것은 이런 루틴이 어느 정도 수입을 가져다줄 경우에 도달할 때 생긴다. 안주하게 되는 것이다. 부동산업의 확장이라는 개념과 자기 성장의 가능성을 스스로 묶어버리게 되기 때문이다.

그래서 처음 일을 시작하는 사람은 초심자일 때 3개월의 안착 계획, 1년 차, 2년 차, 3년 차 정도의 매출 목표, 사업 목표(계약 건수, 수입 목표, 지출 예상 등)를 구체적으로 세울 필요가 있고 숫자적인 정량적인 목표 외에 정말 중요한 정성적 계획을 동반해야 한다. 이는 자기 성장 계획이다. 돈만 많이 번다고 성공했다고 말할 수 없기 때문이다.

부동산업에서의 성공이란, '자기 성장에 수반한 수익, 수익에 걸맞은 자기 성장'이다. 특히 중소형 빌딩의 임대차로 사업가로서 수익이 안정화되는 시점이 될 때, 대형 건물 자산관리의 개념도 이해해야 하고 중소 빌딩이 갖추지 못한 하드웨어상의 실무(시설관리, 건물 내 시설, 설비 등)를 익히고 대형 건물의 소유 구조가 기업인 경우가 많으므로 '회사 대 회사'로 일하는 개념과 행정력도 갖춰야 한다.

일을 통한 공부를 게을리해서는 안 된다. 단연코 건물 임대차 업무는 배울 게 많다. 부동산 일을 처음 시작하는 사람이 몇 달간 일해 보고 역시 잘 안된다고 중소 빌딩 매매 위주로 하겠다고 나에게 상담하는 사람이 많다. 자신이 하는 일이 얼마나 어려운 일인지 모르고 얕잡아 보고 부동산 일을 시작한 것이 아닌가 하는 생각이 든다. 부동산 일을 시작하면 무조건 배우고 넘어가야 하는 것이 존재한다. 수학을 하려면 구구단은 필수이듯, 꼭 배울 것들을 배우고 임대차이든 매매, 다른 특수 물건 거래이든 선택해서 해야 한다. 업의 영역도 부동산업 내에서 확장해 가면서 말이다. 공부는 나를 승진하게 한다. 업에서 일 다운 일로의 승진 말이다.

부동산 에이전트에게는 과장, 차장, 부장 따위 호칭의 승진은 관심도 없다. 부동산업에는 한 달에 몇백만 원도 못 버는 사장이라는 호칭이 넘쳐난다. 같은 사장이라도 어떤 기업의 사장이라는 호칭과 사회적 무게가 다르다. 다만 일로서, 전문가로서 승진하는 것은 큰 의미가 있다. 어떤 기업의 사장보다 더 잘 버는 전문가가 되기 때문이다.

전제는 공부다. 전문가가 되기 위해 참고 정진하기를 바란다. 우선 일찍 출근하라. 뭔지 모르겠다면 일단은 성실하라. 게으른 탑 프로듀서는 본 적이 없다. 성공의 신은 새벽에만 찾아온다.

★　★　★
대형 건물을 거래하기 위해 필요한 능력을 갖춰라

대형 건물과 중소형 건물의 가장 큰 차이는? 당연히 크기다. 크다는 것은 건물을 사용하는 사람이 많다는 의미다. 작은 건물은 임차인도 적은 회사이거나 몇 명 근무하지 않기 때문에 간단한 임대차 계약을 통해 임차인이 입주해서 대부분 개인인 건물주와 간단한 협의 등을 통해 건물을 사용하면 된다. 월세만 안 밀리면 큰 이슈 없이 임대차 기간을 채울 수 있다. 월 임대료를 밀리는 일이 생기더라도 건물주에게 양해를 구하고 다음 달 내면 봐주기도 한다.

우리가 생각하는 작은 건물의 일상을 이외에도 나열하다 보면 가늠할 정도의 수준이다. 그러나 대형 건물은 작은 건물에서는 당연한 것들이 그렇지 못할 때가 많다. 부동산을 거래하는 직업인 에이전트도 앞서 말한 '일의 승진'을 통해서 건물의 규모, 건물의 소유자, 건물 내 임차인 등 다양한 변수에 대처하면서 일할 수 있어야 한다. 앞서서는 대형 건물의 소유사의 담당자를 대하는 방법에 관해서 이야기했다면 이번에는 하드웨어적(건물의 물리적 부분)인 부분에 관해서 이야기해 보겠다. 연면적이 1만 평 정도 되는 규모의 건물을 예로 들어 보자.

상업지에 토지가 500여 평에 이르고 지상으로 20~25층 정도의 규모인 건물을 상상해 보자. 건물을 잘 떠올릴 수 없다면 테헤란로 대로변에 있는 20층짜리 빌딩인데, 1층에 스타벅스나 은행이 입주해 있는 건물을 상상해 보면 쉽게 이해가 갈 것이다. 건물에는 지하 5~6층 규모의 자주식(운전자가 스스로 운전해서 주차하는 방식) 주차장이 있고, 지하 1층에는 작지만 아케이드나 큰 레스토랑이 있을 것이다. 1~2층은 근린생활로 은행이나 카페 등이 있을 것이고, 3층부터는 전부 사무실로 구성된 건물이라고 생각하면 된다. 이런 건물의 대부분이 승객용 승강기 7~8대, 화물용 승강기 1~2개를 갖추고 있다. 작은 건물에 비해 많은 숫자의 승강기가 있다는 점이 관리상 가장 눈에 띄는 항목이 될 것이다. 주차장에 드나드는 차도 많으니 안전 문제와 주차장 관리 업체가 별도로 있을 수 있고, 주차장의 가장 밑층에는 일반인은 출입이 안 되는 기계실이 지하 7~8층에 있을 텐데, 비상 발전기(발전기가 없는 건물은 왜 없는지 이유를 알아야 하고) 이중화의 의미도 알아야 하고, 주차 설비 업체와 운영 방식도 이해해야 하고, 승객용 승강기 프로그램이나 작동 원리도 이해해야 한다. 건물 내 시설을 관리하는 엔지니어가 관여하는 분야와 그들이 사용하는 용어를 이해할 수 있어야 한다.

건물이 1만 평 정도 되면 단순히 청소가 잘되고 불만 안 나면 되는 단순한 수준의 시설관리로는 건물 내 입주자를 만족하게 하지 못하기 때문에 안전과 입주 서비스라는 개념도 강하게 도입해서 적용해야 하는 건 당연한 일이다. 임대업으로 수익을 내는 전문 임대 사업장이라는 개념을 확실히 갖추어야 한다. '건물 자체가 전문 임대 서비스 제공업'이라는 개념을 도입해야 한다. 'PM 개념의 도입'이라고 표현하고 싶다. 건물의 소유자로서 최고의 입주 공간을 만들어 시장에 상품으로 내놓고 그 상품성에 맞는 임대가를 책정해서 입주사에 받는 공간 서비스업이라는 이야기다. 그런 건물주를 대신해서 임차인을 입주하고 유지하는 일을 대리해서 진행하려면 배워야 하는 공부의 수준도 높여야 한다.

전속계약 이후에도 수시로 고객을 관리하라

　모든 건물주는 개인이든 기업이든 전속계약을 체결한 다음부터는 또 다른 불안감에 빠진다. 전속 에이전시(중개법인, 부동산 회사 등)나 담당 에이전트가 가장 많이 하는 실수가 전속 받은 이후에 고객의 불안감을 효과적으로 해소해주지 못한다는 점이다. 에이전트가 생각하는 고객 관리와 고객인 건물주나 건물주의 직원인 담당자가 느끼는 고객 관리 온도는 큰 차이가 있다. 불안감의 크기가 다르다는 말이다.

　내 개인 사례를 비추어 보면, 바로 전속 받은 날부터 실시간으로 관리를 해야 한다. 고객이 나에게 먼저 연락하게 놔두지 말 것을 철칙으로 세워야 한다. 상당히 많은 건물주가 불안감을 삐딱하게 표현하기도 한다. 하루 이틀 연락이 뜸해도 불안감을 느낀다. 전속을 받고 해당 건물 건물주를 하루 이상 방치하지 마라. 방치한다면 전화가 올 것이다. 그리고 그 전화의 첫 마디는 너무나 떨리거나 격양되어 있을 것이다.

　"노창희 씨, 저를 기억하시나요? 아이고, 바쁘신가 봐요? 전속 받을 때는 매일 찾아오더니, 이제 안 옵니까?"

　대부분 건물주의 공통점은 '나를 혼자 두지 마라, 난 궁금하다, 불안하다'이다. 다시 말하지만 가장 좋은 대처법은 '내가 먼저 연락하고, 내가 먼저 찾아가는 것'이다. 그렇다면 구체적으로 어떻게 전속 고객에게 대응해야 할까?

강남지역에서 에이전트가 전속 임대대행을 제안할 수준의 건물이라면 최소한 백억 이상의 자산 가치가 있는 건물일 것이다. 다른 사람의 백억 원대, 수백 억대, 천 억대의 재산을 대신해서 임대대행을 맡은 것이라는 무게감을 느껴야 한다. 건물주는 전속을 맡긴 후 끝없는 불안감을 가질 것이다. 에이전트가 말로만이 아니라 실제로 자기 건물처럼 건물을 채우려고 노력하고 있는지를 말이다.

열심히 하는 과정을 건물주에게 꼭 보여주고 입증하라고 권하고 싶다. 내 경우에는 아침에 일어나면 건물주가 개인이면 7시 반쯤, 건물주의 대리인인 담당자가 있는 경우는 담당자가 출근하는 중인 8시쯤에 다음과 같은 문자를 보낸다.

"건물을 채우기 위해 어제는 이미 제출한 우리 건물 주변의 경쟁 건물 내 입주사 중 여덟 군데를 방문해 연말 준공 시점에 이사할 생각이 있는지를 제안하고 답사할 시간을 잡으려고 노력했는데, 관심 있는 업체가 한 군데 있어서 현장 답사를 진행할 예정입니다. 구체적인 날짜가 잡히면 다시 연락드리겠습니다. 참고로 오늘은 그 옆의 두 군데 건물로 외부 영업을 확대해 나갈 예정이고 어제 관심을 보인 업체는 재방문도 진행할 예정입니다."

이렇게 보고하는 취지는 건물주에게 내가 자신의 건물을 채우기 위해서 하루 중 얼마나 신경을 쓰고 있는지를 수시로 검증하라는 뜻이다. 그리고 아침에 궁금증을 풀어주고 건물주가 생업에 집중하거나 마음을 편히 먹을 수 있도록 만들어줘야 한다는 것이다. 담당자가 8시에 이런 문자나 전화를 받고 출근한다면 상당히 편한 마음으로 출근할 것이다. 자신이 맡은 일에 관해 윗선에서 언제든지 물어봐도 잘 파악하고 있다는 강한 인상을 주게 되고, 결국은 외주사를 잘 관리하는 능력자로 보이게 되기 때문이다.

★　★　★
가상의 상황을 대비한 시나리오를 만들어라

즉흥적인 임기응변 능력은 상당히 중요하다. 평소 머릿속에 자신의 일이 잘 정리되어 있거나 경험이 축적되어 있으면 '머릿속에 잘 정리된 창고'에서 수시로 빠르게 뽑아 쓸 수 있다. 평소에 일상생활에서 시간적 여유가 생기거나 멍을 때리는 시간일 때, 그냥 보내지 말고 가상의 상황을 대비해서 시나리오를 짜는 연습을 해라.

예를 들어 2시간 후 10층짜리 역삼역 이면 신축 빌딩 건물주를 만날 건데 첫마디를 뭐라고 할지, 나를 짧지만 강렬하게 뭐라고 소개할지, 건물주는 어떤 것을 가장 궁금해할지 등 뿐만 아니라 나에게 던지는 아주 날카롭고 기분 나쁜 상황까지도 예상하면서 적절한 대답을 준비해 본다. 때로는 상냥한 대응 말고 나 역시 날카로운 대응이나 고객을 버릴 수도 있으니 내 마음을 보호하는 극단적 대응도 생각해 둔다. 물론 극단적 대응은 고객의 마음을 얻기 위한 감성적 터치이지 진짜 고객과의 관계 단절을 위한 대응은 아니라는 점도 고려해야 한다. 모든 연습의 목적은 부동산을 팔기 위해서다. 부동산업자라는 정체성을 항상 잊지 말아야 한다.

부동산 일을 하다 보면 이동이 잦다. 이동하는 지하철에서 졸거나 예능프로그램을 보면서 시간을 보내면 안 된다. 이동한다는 것은 고객 미팅과의 사이라는 의미인데, 그 시간은 고객을 만나면 해야 할 일을 머릿속에서 굴려보는 매우 중요한 시간이다. 명함은 가로로 두 손으로 어떻게 줄지, 시선은 어떻게 맞출지, 예의 없는 건물주 아들, 며느리는 어떻게 상대할지 등 생기지도 않은 일, 생길수도 있는 일에 관해서 바둑 두듯이 계속 한 수, 두 수 앞을 생각하는 습관을 들여 보자. 자신도 모르는 사이에 자신이 얼마나 임기응변에 강한 에이전트로 변신했는지 감탄할 날이 온다.

영업에 몰입하는 과정

★ ★ ★

나만의 의식을 만들어 긍정적인 사고를 유지한다

마음을 다스리기 위해서 언제나 도망갈 수 있는 뒷문 하나쯤은 만들자. 아침에 일어나 출근길에 올라 사무실에서 영업 준비하고 9시가 되면 고객을 만나기 시작하는 것이 에이전트의 일상이다. 매일 기분 좋고 컨디션이 좋을 수만은 없는 것이 사람 아닌가? 오랜 영업 생활을 한 사람은 각자 마음을 다스리는 방법을 안다. 사람을 상대하는 직업이고 늘 '을'의 입장에서 생활하다 보면 마음을 다치는 일이 많은데, 아무리 내성이 생긴다고 하더라도 근본적으로 다친 마음을 오래 방치하면 안 된다. 30여 년 가까이 영업 일을 하면서 마음의 병을 방치해서 진짜 '병'이 든 사람을 여럿 봤기 때문이다.

출퇴근을 전후해서 나의 마음을 깨끗하게 만들고 힐링(치유)할 수 있는 '나만의 의식'을 여러 가지 만들기를 바란다.

'필요'만큼 두렵고 효과적인 모멘텀도 없다. 처음 부동산 비즈니스를 시작하는 에이전트는 자신이 일 년에 얼마를 벌어야 하는지, 그 목표를 달성하기 위해 어떤 활동량을 해야 하는지를 계속 생각해야 한다. 그런데 모르는 사람을 만나 거절의 일상을 겪으면서도 영업의 행군을 이어 나가는 것은 그냥 멘털 관리만 잘해서 되는 일이 아니다.

자기 스스로 두 가지의 안전장치를 만들어야 한다. 한 가지는 스트레스 완화를 위한 개인 취향에 맞춘 힐링 프로그램이고, 다른 한 가지는 '어쩔 수 없는 이유'를 만드는 것이다.

가정이 있고 아이를 키우는 가장인 에이전트는 가족과 생활하기 위한 비용을 포함해 미래의 행복을 가능하게 할 목표 수익은 영업을 통해 창출해야 한다. 이달에 영업이 잘돼서 돈을 벌고 다음 달에는 영업이 잘 안돼서 못 벌어도 되는 것이 아니다. 무조건이라는 단어를 떠올려 보자.

한 집안의 가장이 부동산 에이전트 생활을 하기 위해 입사하면, 내가 좋아하는 눈빛을 갖고 있다. 의심하지 않으며 무조건 두세 달에 승부를 내겠다는 결기가 느껴진다고나 할까?

부동산 비즈니스를 하는 사람은 '오늘 놀다가 내일 자고 일어나도 젊기 때문에 모든 일이 게을러도 기회가 또 있을 것'이라고 생각하는 사고방식을 버리고 이 일을 시작해야 한다. '내가 움직이면 그 모든 활동의 결과물이 생산적이어야 한다'는 생산성에 관한 고민을 항상 해야 한다. 아침에 출근해서 파밍 지역에서 물건과 고객을 찾고, 기존 고객을 관리하면서 계약으로 몰고 나가는 일상에서 자신이 하는 모든 활동에는 생산성과 일치함이 있어야 한다는 강박을 갖기를 바란다. 요령이 생기면 자연스럽게 그런 마인드와 행동 일치를 이루게 될 것이다.

예전에 팀원들과 함께 일할 때의 이야기를 해보면, 팀원들이 합의하고 회사에 이런 제안을 했었다. 팀원 중 한 명이라도 그달에 계약을 못 하면 아무리 매출 높은 팀원이 있어도 팀 전체가 연좌제로 월급을 이월하겠다는 그런 제안이었다. 매월 하는 영업 회의의 살벌함이란 이루 말할 수가 없었다. 때로는 엄청나게 서로 푸시하고 서로가 계약을 같이하거나 끼워주거나 했고, 낮에 막히는 도로를 피해서 주말 밤이면 새벽에 만나서 서울 시내 골목골목으로 신축 빌딩이나 다음 주 만날 건물을 찾느라 새벽이슬을 맞으며 같이 다녔다.

인간의 정신력은 무섭다. 이 난리를 치르면서 살면서는 계약을 못 하는 달이 없어지기 시작했다. 이렇듯 결핍과 필요 정신은 사람을 바뀌게 한다.

거절당하는 것은 힘든 일이 아니라 당연한 일이다

　부동산 에이전트는 잠재고객을 찾기 위해 사무실 밖을 탐험한다. 에이전트도 고객을 처음 만나러 가는 거지만 영업 대상도 에이전트를 처음 만나는 것이다. 오늘 만나러 간 사람이 나를 만나기 전에 어떤 상황이었는지, 그 사람이 누구인지 모른다. 엄청난 부부 싸움을 하고 이혼 이야기까지 하고 출근한 사람에게 부동산인데 이사할 거냐고 물어보러 찾아갔다면 엄청난 '거절의 파도'를 만나게 될지도 모른다. 화풀이 대상이 될 수도 있다는 말이다. 이런 상황에서 당하게 되는 거절은 에이전트의 마음을 황당하게 만들 수 있다. 이때부터 중요하다. 어이가 없을 것이다. 그 즉시, 그 상황을 동결하고 그 자리를 피하고 바로 직전 상황을 삭제해 버려라. 힘들 수 있다는 것은 알지만 주문을 외우며 잊어야 한다. 마법의 주문을 외워라.

　"모르는 놈이다. 큰일이 있었나 보다. 젊은 나이에 안됐다. 그런데도 나는 다음 고객을 만나러 가야 한다. 같이 미치면 안 된다. 나는 괜찮다."

　사실 황당한 거절의 태도를 보인 사람이나 그냥 가벼운 거절의 파도지만, 에이전트인 나에게 무례하게 행동한 사람 모두가 에이전트 개인을 무시한 것이 아니고, 그냥 이사 안 하거나 부동산 사고팔고 안 할 거라는 표현을 거칠고 무례하게 한 것으로 생각하고 그날은 잊어야 한다. 우리가 그들을 찾아간 것은 좋은 건물의 임차인이 거나 내가 영업으로 수주한다면 좋은 기회가 될 것이라고 생각하고 타깃으로 정했기 때문이다. 그러니 나쁜 첫인상은 동결하고 내 멘털을 잘 부여잡고 다음 행군(영업)을 이어 나가야 한다. 이런 생각을 뛰어넘는 거절의 파도라면 그날 셔터를 내리고(영업 중단) 앞서 언급한 '나만의 의식 프로그램'을 가동하고 멘털 재정리 후 영업을 이어 나가라. 우리 스스로 '강한 동기부여' 모멘텀을 줘야 한다.

● 5 Call or Die 원칙

과거에 다니던 회사의 싱가포르 본사의 부사장이 한국에 세일 즈 코칭을 하러 온 적이 있는데, 나에게 깊은 인상을 심어주었다. 부사장은 교육 첫 날 화이트보드에 '5 Call or Die'라고 썼다.

'5 Call or Die'에는 작지만 엄청난 마법 효과가 담겨 있다. 이것 이 영업의 전부다. 당시 도날드 여(Donald Yu) 부사장은 모두에게 말 했다. "하루에 신규 고객 발굴 전화 5통 할 수 있는 사람은 손 드세 요."

모두가 손을 들었다. 하루에 전화 5통은 너무 쉽지 않은가? 대회 의실에 있던 에이전트 모두가 하루에 자기가 걸어 놓은 현수막 등 에서 오는 전화로 수십 통 이상의 통화를 하고 있었다.

모두 의기양양했다. 질문은 이어졌다. 전제는 오는 전화가 아니 라 거는 전화다. 아웃바운드라는 말이다. 그래도 5통은 쉬운 숫자 다. 또 질문이 이어졌다.

"하루가 아니라 매일 할 수 있습니까? 매일, 매주, 매월, 매년, 평생. 그렇게 할 수 있다면 매출에 한계가 없습니다."

5 Call or Die의 효과를 계산해 보자. 당신에게는 매월 30일의 영업 가능일이 주어진다. 일론 머스크나 당신이나 같은 시간이 주어진다. 참고로 일론 머스크는 하루에 17시간을 일한다고 한다. 계산 전, 주말은 빼고 20일을 일한다고 전제해 본다. 매일 모르는 사람을 대상으로 약속 잡는 전화를 5통을 거는 거다. 일주일이면 25통, 한 달이면 100통이나 된다.

신규 접촉량이 100건이면 이 중에 몇 명이 고객이 될 수 있을까? 한 명 이상이면 성공이다. 그러나 고객화가 목적이 아니라, 부동산 이슈를 만나서 상담할 '약속 잡기'를 목적으로 한다면 그 확률은 1%가 아니라, 10%~30% 가까이 만들 수 있다. 매달 10명~30명을 만나러 가는 스케줄이 생기는 거다. 만나게 되는 사람은 공실이 있는 건물주, 신축 건물 소유자, 건물 관리소장, 신축 중인 건설사의 현장소장, 건물주의 아들이나 딸로 매우 다양할 것이다. 지역 내 동네 경쟁사 에이전트나 부동산 중개업소 사장일 수도 있다. 목적이 약속 잡기이면 100명 중 상당히 많은 사람을 면대면 할 수 있을 것이다. 한 달에 30명과 스케줄을 잡는다는 것은 매일 1~2명 만날 사람이 확정된 상태로 하루를 시작한다는 의미다. 1년이면 360명이나 된다.

경력이 많고 실력이 붙은 에이전트라면, 360명 안에서도 신축 건물 전속계약도 맺고 더 큰 건물을 진행하면서 더 높은 수익 창출이 가능한 잠재고객을 만들 수 있을 것이다. 그들에게는 '높은 성공률'이라는 무기가 생긴 이유일 것이다. 물론 높은 계약 성공률은 얼마나 많은 수적인 '신규 접촉 양' 확보가 뒷받침되었느냐에 따라서 더욱 빨리 만들어질 것이다.

부동산 비즈니스를 시작하는 사람이 경력자의 실적에 준하는 매출을 달성하려면, 무작정 시간이 흐르면 달성할 수 있을까? 그런 일이 가능은 할까? 답은 '그렇다'이다. 업무량을 늘리면 된다. 시간이 지나면 사람의 나태함에 미리 대비해서 신입 에이전트 시절에 업무량을 6개월 정도는 폭발적으로 가져가 보는 거다. 5 Call or Die는 어느 정도 실적을 내는 사람들이 실적을 유지하는 최소한의 마케팅 철칙이라고 생각하면서, 내가 감당할 수 있는 맥시멈으로 업무량을 늘리는 것이다.

하루에 콜드콜을 미니멈 5통이 아니라, 최대치로 50통으로 늘려본다. 평생은 힘들지만 몇 달은 할 수 있다. 초심자의 운으로 가능하기 때문이다. 실제로 콜드콜 50통은 스크립트를 만들고 내가 할 말을 시나리오로 만든 스크립트를 혼자 연습하고 동료와 롤플레이 해 보면서 익숙하게 만들면 한 시간이 걸리지 않는다. 신입 에이전트 버전으로 다시 계산해 보자.

하루 50통 콜드콜, 한 달 20일 영업의 숫자 결과는 1,000건의 신규 잠재고객 접촉 시도가 된다. 보통의 계약 성사율을 1% 잡더라도 10건의 계약이 가능한 A급 고객을 찾을 수 있다는 의미이다. '파밍'

이 상업용 부동산을 위주로 일어난다는 전제하에 이 계산을 적용한다면, 1건의 임대차 계약 성공 수수료는 1백만 원은 당연히 아닐 것이다. 천 단위일 것이다. 계약할 수 있는 고객이 10~20개 회사(사람)가 되는 순간, 당신은 매달 계약할 가능성이 커진다. 부동산쟁이는 주기적, 정기적으로 '인주밥'을 먹어야 한다. 계약을 쓰는 직업이기 때문이다.

1년이면 12,000명 접촉이라는 어마어마한 숫자가 당신에게 가져다줄 수 있는 결과는 더는 설명할 필요가 없을 것이다. 단 몸에 배는 루틴이 생길 때까지는 사내외로 코치나 멘토를 찾아서 자신을 스스로 푸시할 것을 권한다. 이런 코칭이 가능한 회사를 선택하는 것이 중요하다.

★　★　★

나를 온 세상이 알게 하라

영업하기 위해 영업 조직(부동산 회사)에 합류한 사람의 이력서를 보다 보면 정말 똑똑한 사람들이 많다. 그만큼 학력과 경력이 화려한 사람을 많이 본다. 그런데 30여 년 가까이 수천 명을 코칭하면서 학력, 경력과는 별개로 3개월 내 안착한 사람, 1년 이내에 좋은 실적을 내는 사람, 3년 정도에 어디에 내놔도 부족함이 없는 전문가로 성장하는 사람에게는 공통점이 있다는 사실을 알게 되었다.

● 성공하는 에이전트의 공통점

일단, 적극적이다. 외향적이거나 오지랖과는 다른 개념이다. 일에 대한 적극성이다. 이것은 타고나기를 외향적으로 타고났다는 의미가 아니다. 그렇게 노력한다는 것이다. 외향적이라는 성향을 정확히 표현하자면, 자신과 자신이 제공하는 서비스를 제안하기 위한 활동 양을 많이 가져간다는 뜻이다. 쑥스럽고, 민망하고, 안 해 봤다는 핑계로 에이전트가 마케팅하지 않는다는 것은 쌀은 쌓여 있는데 밥은 안 해 먹는 격이다. 영업 활성화를 위해서 시대에 맞는 마케팅 방법을 무조건 시도하는 적극성을 가져야 한다.

유튜브 영상을 만들어 올린다고 생각해 보자. 신사임당 채널처럼 경제와 관련한 좋은 내용을 대담 형태로 조용히 진행하지만, 많은 구독자를 유지하면서 중소기업화된 것도 많다. 자신의 성격과 상품에 맞춰서 하면 된다. 하는 것이 중요하다. 해야 하는 세상이기 때문이다.

세일즈 코칭을 하면서 마케팅 측면에서 '이걸 해야 한다. 저걸 해야 한다'는 식의 조언을 해주는 경우가 있는데, 정말 말을 안 듣는 사람은 끝까지 하지를 않는다. 핑계가 다 있다. 해야 하는 뻔한 이야기를 항상 강조하지만, 하지 않는 사람은 희한한 적극성을 갖고 있다. 방법을 알려줘도 하지 않으면서 방법은 항상 물어보는 이상한 적극성이다. 돈 벌 방법을 알려줘도 하지 않으면서 회사 탓, 경기 탓, 심지어 코로나19 탓까지 한다.

에이전트라는 직업은 아무리 가방끈이 길고 경력이 화려해도 근본적으로 고객 발굴력(Prospecting Power)이 있어야 한다. 남대문 시장에서 손바닥을 치면서 '골라, 골라'를 외치는 시장 상인의 철판 깐 얼굴과 맨해튼 월스트리트 금융가의 훌륭한 분석력 같은 높은 퀄리티의 부동산 전문지식 보유, 이 두 가지가 다 있어야 비로소 긴 가방끈도 빛을 발하는 것이다. 소극적인 마음은 영업을 시작하는 순간 모두 한강에 버려야 한다.

● 자율이라는 단어가 가진 의미

부동산 에이전트는 취직해서 일하는 직장인이 아니라는 것을 계속 강조하고 있다. 내가 내 부동산 비즈니스를 소속된 회사에 합류해서 하는 직업이다. 매우 독립적이며 모든 일에 대한 책임과 자유가 자신에게 있다. 자신이 올린 매출을 회사와 계약한 배분율에 따라 나누는 방식이다. 경력이 많고 다년간의 매출 실적을 가진 에이전트는 많은 부동산 중개법인이나 컨설팅 법인에서는 스카우트 1순위인데, 이런 경우는 상당히 높은 배분율을 약속 받기도 한다.

예를 들어 매년 3억의 매출을 올리는 에이전트를 자신의 회사에 합류하려는 부동산 중개법인 대표는 70~80퍼센트의 수익을 약속할 것이다. 해당 에이전트는 3억의 중개 관련 매출을 올리고, 연봉 (연 수입)으로 2억 4천을 받아 가는 셈이다. 많이 버는 것에 대한 고수익은 해당 에이전트의 권리다. 반대로 연 매출이 5천만 원이 안 되는 경우도 많다. 이런 에이전트는 회사와 50:50 배분율로 에이전트 위촉 계약이 되어 있을 가능성이 높고, 연 수입이 2천 5백만 원이라는 결론이다. 앞에 언급한 연 수입 2억 4천인 사람도 같은 회사에서 영업하고 있는데 말이다.

이런 차이는 자율이라는 단어를 잘 이해하느냐 잘못 이해하느냐에 따라 발생한다. 부동산 영업 조직에서 각 회사의 일등과 꼴등의 연간 수입 차이는 적게는 수십 배, 많게는 수백 배가 난다. 물론 그들의 나이, 경력, 학력 등 일반 회사원 사이에서 발생하는 격차로 그 차이가 결정되는 것은 아니다.

'자율'에서 차이가 난다. 자는 시간 빼고 일만 할 자유, 자기 법칙이 '자율'이다. 스스로 부동산 비즈니스를 하는 사업가로 얼마나 자신을 투자하고 있는가? '나를 투자'하는 것이 핵심이다. 특히 부동산 비즈니스를 처음 시작하는 사람이라면, 투자금 대신 여러분의 '열정'과 '시간'을 투자해야 한다. 최소 6개월 정도는 '워라밸' 같은 단어도 잊어버리고 주말, 저녁, 새벽은 단어 사전에나 있는 말이라고 생각하고 그 시간을 모두 일에 투입해야 한다.

나에게 처음 일을 가르쳐준 업계의 선배는 이런 말을 자주 했다. 내 이름을 두꺼운 목소리로 부르면서 "노! 자면서도 부동산 꿈을 꾸라고!"

재미있는 것은 '돈 벌고 싶어서 안달이 나면, 신기하게도 꿈에서도 답사하고 꿈에서도 계약서 간인을 하고 번 돈으로 무언가를 하는 그런 꿈을 꾸게 된다. 나는 그런 경험을 자주 한다. 아마도 30년 가까이 버릇이 되어 버린 탓일 것이다. 차를 타고 운전하면서 이동

할 때면 그렇게 혼잣말한다. 혼자 역할극을 계속한다. 지금 가서 만날 사람에게 이렇게도 이야기해 보고 저렇게도 이야기해 보고 반대 입장으로 계속 연습해 보는 것이다. 퇴근하고, 샤워하면서, 밥을 먹을 때도 머릿속의 엔진이 느리지만 시동이 계속 걸려 있는 상황 말이다. 그런 연속성은 꿈으로 이어져서 문득 새벽 4~5시에 '유레카'를 외치며, 이불을 박차고 회사로 튀어 가는 자신을 상상해 보라. 아니, 그렇게 되길 바란다.

대중교통으로 이동하는 사람은 빨리 차를 사기 바란다. 비싼 차를 사라는 게 아니다. 영업용 이동 수단을 사라는 의미다. 이 시점에 '차 살 돈이 없다'고 마음속이나 입으로 이야기한 사람은 이 책을 읽지 말기 바란다. 그냥 샐러리맨을 하기 위해 취업하기를 바란다. 영업을 통해 고수익을 얻는 사람의 뇌는 다르다.

건물 한 층 임대차에서 통 임대까지 성공하는 방법

★ ★ ★

건물 전체를 한 회사가 사용할 때의 장단점을 파악하라

건물 한 동을 한 임차인이 전부 사용하는 것에는 장단점이 있다. 소유사(소유자)가 자신의 사무실(사옥)로 전체를 사용하는 것은 최적이지만, 소유자는 다른지만 임차인으로 전체를 사용하는 사례가 많다. 임차인에게는 대형 건물의 1~2개 층을 사용하는 것에 비해 비용적인 측면에서 거의 50% 수준의 합리적인 가격으로 같은 동네에서 이사할 수 있는 장점과 사옥을 마련했다는 프라이드도 갖게 되는 장점이 있다. 단 이 경우 임대인과 임차인의 장단점, 주의 사항이 모두 존재하기 때문에 임대차 계약서를 잘 작성해야 한다.

그런 일을 대신 처리해주는 것이 부동산 에이전트가 해야 할 일이 기도 하다.

중소형 건물의 건물주는 건물의 안전한 수익 관리를 위해서는 건물 면적의 30% 수준 이상을 한 개 회사에 임대하는 것보다는 층 별로 좋은 임차인을 배치하는 것을 더 선호한다. 그러나 중소형 건 물은 임대차 계약 기간을 못 채우고 이사하는 경우가 많다. 사업이 번창하거나 망하는 일이 대형 건물 임차인에 비해서 빈번하기 때문 이다. 임차인이 자주 바뀌면 건물도 상하고 건물주 마음도 상한다. 그래서 임대업을 오래 한 건물주는 좋은 임차인이라는 전제하에 건 물 전체를 장기 임대하기를 원한다.

부동산 오피스 임대 시장에 따라서 이런 경우가 가속하는 경우 도 있는데, 부동산 시장은 Seller's Market(매도자 시장, 임대인 시장)과 Buyer's Market(매수자 시장, 임차인 시장)이 수요와 공급 상황에 따라 서 극단적으로 나타나는 시장 중의 하나인데, 근본적인 이유는 부 동산은 상품 공급에 '시차'가 존재하기 때문이다. 작년에 배추가 호 황이었다고 모두가 배추를 심으면 그해 배춧값이 떨어져 농사에 실 패하는 것과 같이 수요와 공급을 잘 예측해야 하는 게 '건물주'의 일 이다. 그래서 건물 공실률의 변화는 그냥 현상을 주시하는 것뿐만 이 아니라 전반적인 경제 상황과 지역 내 단기 공급 예상 건물과 중 장기 공급 물건(중소형 건물, 대형 빌딩 등 세분화해서 리서치 자료를 늘 가까 이 둔다.)을 주목해야 한다. 특히 대형 건물의 공급량이 부족하거나, 임차인이 더 많은 호황기가 되면 대형 건물 중에서도 초대형 면적은 그나마 기회가 있을 수 있지만, 대형 건물의 1~2개 층(실면적 500~1,000평 수준)을 입주하려는 임차인 건물을 찾는 것 자체가 쉽지 않은 상황이 온다.

부동산 임대차를 업으로 하는 에이전트는 자신이 파밍하며 매물과 건물주를 일상 마케팅 차원에서 관리하면서 그 어떤 부동산 리서치 전문가보다도 자신이 맡은 지역 내에서는 최고의 전문가가 되어야 한다. 그렇게 되면 만약 임차인이 자신이 관리하는 영업지역(파밍 지역) 내의 대형 건물 내 1개 층의 공실(임대 물건, 매물)에 입주를 희망하지만, 마땅한 건물이 없다고 하더라도 지역 내 면적은 맞지만 규모가 작은 소형 건물을 사옥형 물건으로 소개할 수 있을 것이다. 물론 큰 건물을 찾는 고객이 만족하지 못하는 작은 건물의 단점을 보완할 수 있는 비교 자료를 만들어서 보고하고 제안한다면 더욱 효과적일 것이다. 상당수의 고객은 원가 절감만으로 이사하지 않기 때문이다.

건물을 전속 임대대행으로 관리하는 에이전트의 경우에도 건물주를 대신해 건물 전체를 사용하는 임차인이 입주를 희망하는 경우, 역으로 임차인이 갑자기 이전할 수 있는 리스크와 전체 사용에 따른 관리 이슈 등 건물주가 우려하는 포인트를 잘 정리한 건물 임대차 계약서를 마련해야 한다. 건물주에게 일어날 수 있는 중도해지나 원상복구 등의 주요 이슈에 대비하는 것이다. 이런 대비책과 함께 통 임대 임차 의향(의향서)을 건물주에게 제시해야 건물주의 거절 없이 한 번에 임대차 계약 승낙을 얻을 수 있을 것이다.

★ ★ ★

통 임대의 장점만을 최대한 활용하라

부동산 에이전트에게 '통 임대'는 '양날의 검'이다. 전속 맡은 건물을 한 번에 임대 완료(만실)한다는 기쁨과 동시에 진행 중인 다른 전속빌딩이 많다면 추가 수익에 더욱 집중할 수 있다. 반면에 몇 년에 한 번씩 계속 임차인이 드나들면서 발생하는 중개 수수료(컨설팅 용역 수수료)가 통 임대 사옥으로 사용되는 기간에는 해당 건물에서 발생하지 않는다는 점은 아쉬운 점이다.

보통 사옥용으로 임대차를 하게 되면 10년 정도의 임대차 계약을 체결하는데, 건물주에게 건물주 입장에서의 최고 조건을 끌어내 겠다는 제안으로 유리한 계약을 만들어 내서 임대차 중개 수수료에 추가적인 인센티브를 제안해 받는 것도 가능할 것이다. 이 경우 장기 계약이 커버하지 못하는 인플레이션에 대한 대책으로 연도별로 어느 정도의 임대료 인상 폭을 가져갈지, 임대차 기간 초기에 렌트프리(Rent Free: 일정 기간 임대료를 면제해주는 것)나 TI(Tenant Improvement: 임차인에게 인테리어 공사비용 일정액을 지원해주는 것) 비용을 임차인에게 제공한 경우 임대차 계약의 중도해지 조건을 강화하는 등의 다양한 안전장치를 수반해서 진행해야 한다. 진행하던 (신축) 임대대행 건물의 전체 층이 한 개 회사로 임대차가 끝나는 상황이라면, 임대차가 끝났다고 그냥 그 건물을 내 관리권에서 놓아 버리면 안 된다. 임대차는 끝났지만, 건물에 관한 관심과 건물주의 부동산 이슈를 계속 체크해야 한다. 큰 신경을 안 쓰고 장기간 월세가 발생하는 건물주는 '다른 꿈'을 꾸게 될 것이다. 다른 꿈을 꾸게 만들어야 한다. 전속해서 파는 좋은 부동산을 추가 매입하도록 제안하고, 내가 채운 건물 자체가 수년 후에 매물로 나올 수도 있는데, 당연히 나에게 전속을 줄 수 있도록 지속 관리해야 한다.

또 한 가지, 명심할 것이 있다. 해당 건물을 빨리 좋은 임차인으로 한 번에 장기 계약으로 채웠다는 나의 기록을 잘 정리해서 주변 건물주가 다 알도록 만들어야 한다. 해당 건물이 들어간 엽서나 우편물을 만들어서 자극적인 문구를 넣어서 나에게 연락하도록 만들어야 한다. 내가 통 임대 완성을 한 좋은 기록을 남긴 동네를 그 건물 하나만 채우고 떠나는 실수를 절대로 하지 말기 바란다. 이참에 당신이 일등인 파밍 지역(영업지역)으로 만들어야 한다.

20여 년 전에 테헤란로 대로변 15층 신축 빌딩을 준공 전에 만실(입주 완료)하고 나는 내가 배운 대로 온 동네에 나를 알리는 마케팅을 실시했다. 제일 먼저 건물 정면에 대형 현수막을 설치했다. 아주 눈에 띄게 무지개 색깔로, 문구는 자극적으로 넣었다.

"임대 완료! ○○○의 노창희에게 맡기면 임대됩니다."

자기 영업 상황에 맞는 문구를 정해서 활용하면 더욱 효과적일 것이다. 예를 들어 "당신 옆 건물을 매매한 에이전트입니다. 당신 건물 매매 가능 금액을 알고 싶지 않으십니까?"라며 말이다. 짧은 문구에 더 강한 임팩트를 줄 수 있다면 더 좋을 것이다.

나는 내가 설치한 '임대 완료' 현수막 덕분에 강남대로, 테헤란로에 내가 성공하게 한 프로젝트 면적에 거의 10배에 달하는 건물을 추가 수주하여 몇 년 동안의 일거리를 얻어낼 수 있었다. 부동산 일을 한다면 '지금은 이 일을 하고, 다음에는 저 일을 하고'라는 사고방식을 바꿔 보기 바란다. '동시에, 하는 김에, 같이' 이렇게 말이다. 시간을 만들어 쓰는 최고의 방법이다.

★ ★ ★

장기 임대, 통 임대가 가져오는 건물의 상품성을 설명하라

건물에 안정적인 장기 임차인이 입주해 있다는 것은 앞서서 이야기한 것처럼 에이전트에게도 장점이 있지만 건물주에게도 장점이 있다. 추가로 다른 일을 할 수도 있고 본업이 있다면 본업에 더욱 충실할 수 있을 것이다. 자산 가치적 측면에서 보면 예측할 수 있는 수익률과 주기적으로 상승하는 임대료 덕분에 향후에 최고의 매매가로 매매하는 것도 가능할 것이다.

건물 규모에 따라 다를 수는 있지만, 연면적이 2천 평 이상의 건물이라면 대형 운용사는 아니더라도 부동산 자산운용사의 매입 검토 대상에도 들 수 있으므로 협력상에서 우위에선 매도자의 지위를 가질 수도 있을 것이다.

★ ★ ★

파밍과 스태킹 플랜에 따라 마케팅 행군을 계속하라

이면의 중소 빌딩을 통 임대 사옥으로 채웠다는 것은 대로변까지도 충분한 파밍과 스태킹 플랜 작성이 완료되었다는 의미이다. 영업하면서 건물을 전속 임대차 용역 계약을 통해서 수주하다 보면 대로변 소형, 대로변 대형, 이면 소형, 이면 대형, 핸디캡이 많은 건물, 누가 봐도 좋은 건물 등 정말 다양한 건물을 만나게 된다. 누가 봐도 좋은 건물은 임대대행을 지정하는 방법도 좋지만, 건물주에게 최고의 임대 마케팅 성공 방법이 따로 있다.

누가 봐도 좋은 건물을 제외하고 '임대대행'을 수주한 경우, '어떻게 채울 것인가'라는 후속 조치와 고민이 따를 것이다. 그러나 해당 건물이 입지한 지역 내에서 충분한 영업 및 조사(파밍)를 완료한 에이전트라면 이미 경쟁 건물 파악이나 건물에 입주한 회사 중에서 내가 맡은 건물로 이사를 제안할 충분한 임차인 정보(스태킹 플랜)가 있을 것이기 때문에 일정표에 따라 마케팅 행군을 하면 될 것이다.

문제는 원래 영업하던 지역이 아닌 곳에서 전속을 수주하는 때다. 이때는 그 동네에서 '벼락치기 파밍'을 해야 한다. 나는 주로 테헤란로를 중심으로 영업을 해왔다. 그러는 사이 근무한 직장에서 내가 맡아서 임대대행한 건물은 시청, 여의도, 판교, 상암, 목동 그리고 인천 송도까지 정말 다양했다.

지금부터 벼락치기 파밍 방법과 동시에 여러 전속 건물을 임대 마케팅하는 방법에 관해서 이야기해 보려고 한다. 벼락치기에는 요령이 필요하지만, 정석의 파밍 방법과 다르지는 않다. 중요한 것은 속도다.

● 모르는 동네에서 벼락치기로 파밍하는 방법 4단계

1단계

마케팅 대상인 전속 건물 반경 100미터 정도가 표시된 지도 (Mapping)를 만든다. 되도록 종이 지도를 만든다. 지도와 컴퓨터 모니터 속의 로드 뷰(Road View)를 뚫어져라 본다. 길과 길이 마주치는 코너의 가게, 주요 건물의 특징, 각 건물 1층은 누가 사용하고 있는지 등을 간단히 스캔한다.

2단계

내가 전속 받은 건물을 중심으로 자신이 만든 지도 속의 대로변, 대로와 골목이 만나는 곳을 산책한다. 일반인의 산책과 다른 점은 부동산 이슈를 확인하는 것이다. 파밍 지역 내 공실이 있는 건물이 있으면 들어가서 관리소장이나 건물주를 만나야 한다. 어떤 조건으로 해당 건물에 공실이 있는지 조사하는 리서치 담당자라고 생각하라. 전속 받은 건물의 인근 동급 건물은 집중에 집중을 거듭하면서 건물주와의 미팅을 시도하라. 이때 만나는 경쟁 건물의 건물주는 나에게 다음 전속을 줄 가망 고객(잠재고객)이 될 수 있고, 친분이 생기면 내가 맡은 건물을 주목하고 나를 주목하게 된다.

'벼락치기 파밍'의 전제는 일상 속의 영업지역을 벗어난 생소한 동네에서 '전속빌딩'이 생겨서 해당 동네에서 최고의 전문가까지 실력을 쌓기 힘든 상황에서 해당 건물 정도는 마케팅할 수 있는 능력을 단기간에 만들기 위함이다.

3단계

해당 지역 내 경쟁자라고 볼 수 있는 지역 부동산 회사나 다른 지역에서 나처럼 전속을 받아서 마케팅하고 있거나 건물에 현수막이나 임대 사인을 설치한 타사 경쟁 에이전트도 파악해야 한다. 되도록 동급 건물이나 해당 블록의 대로변 대형 건물 에이전트와는 네트워크를 형성한다. 그들은 이미 내가 맡은 전속 건물 주변을 나보다 먼저 들어와서 영업하고 있기 때문에 어떤 경우에는 내가 맡은 전속 건물에 관해 더 잘 알고 있을 수도 있다. 심지어 나에게 전속을 준 건물주와도 구면인 경우도 많다. 단순히 인사하는 차원이 아니라 협업을 유도하고 계약 성사 시, 전속 임대대행 계약서 내의 수수료 대부분을 나눠주라고 권하고 싶다. 이 목적은 내가 맡은 전속 건물을 나도 최선을 다해서 팔지만, 지역 경쟁자까지도 나를 위해서 일하는 조력자로 만들기 위해서다. 그들을 통해서 건물을 채우더라도 형식은 내가 건물을 채우는 것이며 그들은 나의 임차인 유치 외주사가 되는 것이다. 내 시간 또한 아낄 수 있다.

4단계

전속은 받더라도 내가 잘 모르는 지역이면 지역 내 경쟁사를 통해서 그들과 수수료를 나누면서 건물을 채우라는 뜻일까? 그것은 아니다. 그들은 내가 익숙하지 않은 동네에서 내가 그 건물에서 시간을 낭비하고 더 큰돈을 벌 기회를 매몰시키는 것을 방지하는 안전장치다. 물고기 잡기로 비유하자면 그들은 촘촘한 그물망의 역할을 하는 것이다.

그렇다면 타사나 같은 회사 내 동료가 임차인이나 내가 모르는 이사할 회사를 찾을 때 나는 어떤 활동을 해야 할까? 바로 '타깃 마케팅'이다. 건물 전체를 모두 사용할 중견, 우량 기업을 대로변 빌딩을 찾아가 만나서 제안하는 활동, 전속빌딩 인근 경쟁 건물 중에서도 노후 빌딩을 사용 중인 지역 내 기존 입주 기업, 인근 블록까지 활동 영역을 확대하는 것이 내가 할 일이다. 지역 내 기존 부동산 회사나 1층 부동산이 실질적으로 잘하지 않는 아웃바운드를 당신이 직접 하라는 의미다.

타깃 마케팅을 진행할 때 가장 중요한 것은 '타깃을 선정'하는 것이고, 내 인건비나 시간 활용의 효율성을 생각해야 한다. 결국은 규모가 큰 임차인, 전체를 사옥으로 쓸 만한 대형 건물의 입주사를 직접 찾아 이사를 제안하는 것이 궁극적 나의 역할이라고 생각해야 한다.

여기서 짚고 넘어갈 포인트는 자신이 익숙하지 않은 동네에서 빠르게 업무를 처리하기 위한 방법을 설명한 것이고, 무조건 작은 면적은 남을 통해서 맞추라고 이야기하는 것이 아니다. '시간 싸움'에서 이기기 위한 방법을 말하는 것이다. 가장 이상적인 방법은 본인이 타 부동산 회사의 경쟁자(협력 부동산, 임차인 유치 외주사 등의 표현)를 배제하고 자기가 빠르게 전체를 좋은 임차인으로 채우는 것임을 말하고 싶다.

경력이 오래된 에이전트라면 향후 자신과 더 큰 일을 도모할 협력 에이전트나 가망 고객뿐만 아니라 미래의 동료를 찾는 것도 항상 생각하면서 일해야 한다. 앞서 말한 지역 내 경쟁사, 협력이 가능한 좋은 사고를 하는 지역 내 공인중개사나 부동산 컨설턴트는 같은 회사가 아니더라도 큰 수익을 같이 낼 수도 있다. 그렇기 때문에 내가 익숙하지 않은 동네에서 전속을 받더라도 그 동네에서 목적물인 건물의 임차인 유치만 마치면 된다고 생각하지 말고 다양한 가능성을 열어 두고 임해야 한다.

★　★　★

내 서비스의 가치를 고객과 타협하지 마라

고객이 요청한 수수료(중개 수수료, 컨설팅 용역 수수료 등)를 쉽게 타협하지 마라. 제대로 책임중개를 하기 위해서는 에이전트가 책정한 수수료가 높지 않다는 것을 강조해야 한다. 최근 프롭테크를 기반으로 하는 유사 부동산 기업은 임차인 측의 수수료는 받지 않거나 상당한 폭의 할인을 적용하고 있다. 세상에는 공짜가 없다. 어떤 비용을 지불하지 않았다는 것은 서비스라는 것을 받지 못할 거라는 점을 고객 자신이 인지하고 있어야 한다.

프레젠테이션에서 고객은 자신이 궁금해하는 점을 상당한 수준으로 해소할 수 있다는 확신이 들면서도 선뜻 전속은 주지 않고 끝없이 간을 보는 경우가 있다. 앞서서 계속 강조한 높은 강도의 파밍의 결과는 내가 고객에게 제공하는 부동산 데이터의 확실성과 파밍 지역 내에서 그 누구도 나를 능가할 수 없는 전문성을 보장한다.

에이전트는 그 정도의 자신감이 들 정도로 열심히 파밍하고 그 결과를 기록하고 있어야 한다. 준비된 에이전트에게 일은 시작도 안 했는데 수수료를 먼저 이야기하고 할인을 운운하는 고객을 만난다면, 정해진 만큼의 수수료를 받아야 하는 이유를 강력하게 설명하고 그래도 받아들여지지 않는다면, 그 고객의 일은 맡지 않아야 한다. 스스로 저평가되는 것보다는 지금까지 만난 적이 없는 기가 센 부동산 전문가로 이미지를 각인하는 것이 오히려 낫다. 어차피 땅에 박혀 있는 건물이 어디로 달아나지 않는다.

여기서 포인트는 일을 맡지 말라는 것의 의미를 잘 아는 것이다. 고객에게 강력한 이미지를 남기고 일보 후퇴하라는 것이다. 돈이 되고 좋은 건물을 내 전속이 될 때까지 계속 시도해야 한다. '밀당'을 하라는 뜻이며 쉽게 고객의 요청에 '예스'라고 답하지 말라는 뜻이다.

★ ★ ★

타사와의 협업을 강조하라

부동산 거래를 빠르게 진행하기 위해서는 타사, 경쟁 에이전트와의 협업도 상당히 중요하다. 내가 건물주를 대신해서 공실에 임차인을 유치하는 업무를 하고 있다면, 건물이 속한 지역 내 공인중개사나 지역 내에서 자신의 전속을 가진 타사 경쟁자와도 협업해야 한다. 이는 시간을 아끼기 위해서다. 부동산에서 협업이란 고객을 공유하고 수익을 배분하는 것이다.

나는 내가 전속 받은 건물주에게 항상 수수료를 차등해서 제안한다. 특히 신축인 경우에는 준공 전에 임차인을 유치했을 때, 기존 건물인 경우에는 건물주가 원하는 시기에 건물을 채웠을 때처럼 시간을 아껴서 임대 수익 손실을 막게 되면 수수료를 상향해서 지급할 것을 요청한다. 당연히 전속계약서 문구에 삽입해야 한다.

내가 많이 받는 수수료는 나 이외의 경쟁 에이전트나 나와 같은 회사의 동료도 마음껏 자신의 임대대행 물건처럼 계약할 수 있도록 건물주를 대신해 전속 임대 대리인인 내가 나의 몫에서 충분한(필요하면 90% 이상) 수수료를 나눠주는 것이다. 구두상의 배분 약속이 아니라, 건물주 대리인으로서 나 대신 임차인을 유치할 경우 수수료를 나눠줄 것을 서류로 약정한다(임차 용역 계약, 임차인 유치 수수료 약정 등 다양한 제목으로 약정할 수 있다). 건물주가 나에게 전속을 준 이유는 이런 이유도 포함된다는 것을 인식해야 한다.

★ ★ ★

건물주가 직접 진행하거나 전속이 없는 건물의 단점을 설명하라

FSBO(For Sale By Owner)는 매도자(건물주)가 직접 거래하는 방식이다. 당연히 건물주가 부동산을 상대하지 않고 직접 거래하겠다고 하는 데는 이유가 있을 것이다. 대부분 제대로 된 부동산 전문가를 만나지 못하고 과거의 실망감에 빠져 있는 경우에 그렇다. 이때는 불신이 넘치는 고객을 설득해서 당장 내 고객으로 만들겠다는 자신감을 버려야 한다. 그렇지 않다면 엄청나게 높은 거절의 파도를 만나게 될 것이다.

우선 사실관계를 파악하고 직접 팔 수 있도록 도와주겠다는 선의의 마음으로 접근하는 것이 좋다. 여러 번 만나서 직접 팔기 위한 방법, 다수의 동네 부동산을 직접 상대하는 방법, 답사하는 방법, 부동산을 사러 오는 고객에게 좋은 인상을 위해 청소하고 단장하는 방법 등을 사심 없이 알려준다. 건물주에게 지금까지 만나서 실망감을 주었던 복덕방과는 내가 다른 사람이라는 것을 인식하게 하라는 뜻이다. 건물주의 호감이 느껴지면 조심스럽게 제안한다. "저에게 전속을 주십시오."

전속 없이 일반 중개로 불특정 다수의 가망 매수자(임차인)와 상대하다 보면 대부분 협상에 실패한다. 건물주는 상대방 협상 대상자에게 '예스 또는 노'로 딱 두 가지 표현밖에 할 수 없기 때문이다. 누군가 중간에서 협상의 완충을 하는 것이 중요하다는 것을 건물주에게 꼭 인지하게 해야 한다.

6장

마음 얻기

상황별로 철저히 대응하라

★ ★ ★

자료는 이성적으로, 대응은 감성적으로 하라

부동산은 건물을 거래하는 것이기도 하지만, 동시에 부동산을 사고파는 매도자(임대인)와 매수자(임차인)라는 '사람' 간의 거래이기도 하다. 특히 부동산 비즈니스를 업으로 하는 에이전트에게 가장 중요한 포인트는 '건물주의 마음을 얻는 것'이다. 부동산 비즈니스를 처음 시작하는 에이전트라면 물건 쪽 업무(건물주를 상대로 마케팅)에 더욱 큰 비중을 두고 일해야 한다. 말 그대로 부동산이라는 단어가 가진 의미는 '부동'이다. 땅(토지)이나 그 토지의 지어진 건물(부착물)을 의미한다. 에이전트는 어느 지역의 어느 부동산 회사에서 일을 시작하는지에 따라서 파밍 지역이 달라질 것이다. 그러나 달라지지 않는 것은 바로 그 땅과 땅에 박힌 건물을 소유한 사람을 만나는 영업 활동이다.

자산을 보유한 사람과 자산이 없는 사람이 생각하는 방식은 다르다. '건물주 사고방식'이라고 표현해야 할지 모르겠다. 새로운 친구를 만나듯이 건물주를 만나서 일을 받아오겠다고 생각하면 안 된다. 아주 신중하게 준비해야 한다. 바둑을 둘 때 첫 번째 돌을 어디에 두느냐에 따라서 상대방의 움직임도 달라진다. 상대방은 내가 둔 첫수에 따라 자신의 방어 전략을 수정하기 때문이다. 전략이 없더라도 노련한 상대방은 내 첫수를 보고 2~3단계를 앞서서 계획할 것이다. 바둑을 두는 것과 마찬가지로 에이전트도 건물주의 여러 상황을 파악해서 대응해야 한다. 경력이 짧은 에이전트가 건물주를 만나고 와서 마음이 다치는 경우가 많은데, 그 역시 대응력 없이 고객을 상대하고 왔기 때문이다.

할 말을 미리 생각해 보고, 고객의 여러 반응에 관한 답변을 준비해 둔다. 무조건 고객과의 예상 스크립트(시나리오)를 짜고 연습한다. 혼자만의 롤플레이도 큰 효과를 준다. 더 좋은 것은 동료나 선배에게 롤플레이 연습을 부탁해서 같이 해보는 것이다.

신입 에이전트라고 하더라도 해당 건물주가 소유한 건물 인근의 경쟁 건물의 임대가 조사, 공실 현황, 자신의 마케팅 전략, 자신의 프로필을 함께 준비해서 대응한다면 오랜 경력자의 미팅과 비교

해도 손색이 없을 만큼 고객 상담을 진행할 수 있을 것이다.

고객은 준비된 에이전트에게 마음을 열게 된다. 마지막 꿀 팁은 감성적인 대응인데, 이는 더욱 효과를 발휘할 것이다. 자료는 이성적으로, 대응은 감성적으로 해야 한다. 사람의 결정은 감성적인 측면에서 결정되기 때문이다. 이것을 나는 '마음을 얻는 방법'이라고 말하고 싶다.

사람의 마음을 움직이기 위해서는 내가 상대하는 고객이 좋아하는 것이나 관심 두는 것, 심지어는 미팅 중간에 고객이 말하는 개인적인 이야기 속에서 감성 터치의 포인트를 찾아내서 객관적인 제안에 함께 포장하는 게 효과적이다.

예를 들어 책을 사러 서점에 갔다면, 고객이 평소 관심을 두던 분야의 책이나 스트레스를 줄이고 마음의 평화를 주는 에세이 등을 골라서 정성스러운 손 편지와 함께 고객에게 보낸다. 우편물로 책을 받은 고객이 전화해 온다면 책을 핑계로 만나러 가는 발걸음이 더욱 가벼워질 것이다. 때로는 여행이나 일이 있어서 속초에 갔다면, 해산물 가게에 들러서 좋은 식재료를 고객에게 속초 주소가 찍히게 하여 택배로 보내는 것도 좋은 방법이다. 스토리를 담은 편지를 같이 보낸다면 받는 즐거움은 배가 될 것이다.

"대표님, 오늘 출장으로 속초에 왔는데, 지난번에 바다를 좋아하신다는 말씀이 생각나서 오징어 말린 걸 보내드립니다. 생오징어를 말린 최고급 오징어라고 합니다. 퇴근 후 맥주 한잔하실 때 드세요. 서울로 복귀하면 찾아뵙고 싶습니다. 편한 시간 말씀해주시면 찾아뵙겠습니다."

이렇게 한다면 분명, 고객은 미팅이 가능한 시간을 적어서 문자를 보낼 것이다. 이것은 하나의 예이고, 고객에 따라 다르게 대처해야 한다. 다만 술을 좋아하는 고객과 지나친 음주를 하거나 너무 격식 없이 대하는 것은 바람직하지 않다. 특히 고객과 성별이 다르거나 나이 차이가 크게 나는 경우는 더욱 주의를 기울여야 한다.

★ ★ ★
항상 시나리오를 가지고 고객을 대하라

에이전트에게 '수주'를 하기 위한 목적이 보이면 안 된다. 쉽게 말하자면 '고객의 입장에서 철저히 생각하라'는 것이다. 고객과 상담을 진행해 나가면서 고객이 가진 부동산 이슈를 일로 의뢰받는 것이 부동산 에이전트의 일이다. 부동산 에이전트라는 직업으로서의 목적과 수단을 이야기하는 것이 아니라, 수주 측면인 전속 임대차 계약이나 매매 계약 등 영업적인 측면으로 이야기한다면, 일을 받아오는 현상은 수단이며 목적은 '고객의 행복'이어야 한다고 말하고 싶다.

부동산 비즈니스 이야기를 하면서 '행복'이라는 단어를 생각한다면 너무 이질적인 느낌도 날 것이다. 그러나 앞서 고객의 마음을 얻는 것에 관해 이야기했고 그 연장선상에서 '고객의 행복'을 이야기하는 것이다. 그렇다면 고객과 상담할 때 어떤 것에 포커스를 맞쳐서 질문해야 할지, 처음 만났을 때 어떤 말로 말문을 떼서 고객에게 편안한 아이스 브레이킹(Ice Breaking) 시간을 줄 것인지를 예상해 볼 수 있을 것이다.

예를 들어 성형외과 원장이 고객이라고 가정해 보자. 병원은 부산 서면에 위치하지만, 서울 광진구 중곡동 출신으로 열심히 일해서 저축한 돈으로 군자역 사거리 상업지에 빌딩을 신축했다. 준공한 건물이 절반 이상 비어 있으나, 임차인을 찾기 위해 직접 신경 쓸 수가 없는 상황이다. 인터넷을 검색해 보거나 인근 건물에 걸린 임대 현수막을 보고 전화를 걸어서 부동산 에이전트와 만나게 된다. 그 사람이 당신이라고 생각해 보자.

우선, 고객과의 만남 전에 고객의 건물이 상품성을 갖췄는지 주변 리서치를 완료해야 한다. 가격이 적절하고 위치가 좋은 부동산은 공실이 발생하지 않는다. 보통의 신축 건물은 생각보다 주변 조사(왜 건물이 비어 있는지? 어떻게 채울 것인지)를 하지 않고 임대가를 결정하는 경우가 많다. 객관적이고 정확한 근거를 들려면 시장조사 리포트, 시장분석조사표(CMA)처럼 고객의 부동산 인근의 임대 상황과 가격 형성 자료, 경쟁 건물과의 비교표 등을 준비하는 것이 좋다. 이와 같은 이성적인 조사를 마무리해야 실제 만남에서는 감성을 터치할 수 있다.

그렇다면 당신은 이 고객을 처음 만난 자리에서 어떤 말을 제일 먼저 할 것인가?

"식사는 하셨어요?", "부산에서 SRT로 오셨어요?", "오늘은 병원 쉬시는 날인가요?" 등 여러 변수를 감안해서 첫 질문을 준비한다. 그리고 명함을 건네는 순간 등 이 짧은 첫 만남에서의 첫인상으로 고객을 급속 스캔하고, 그 상황에 맞는 멘트로 첫 만남의 어색함을 깬다(아이스 브레이킹). 이제 상담을 시작할 분위기가 조성된 것이다.

★　★　★

고객 행복의 관점에서 생각하라

고객의 행복이라는 단어가 가진 의미를 추가 설명해 보겠다. 에이전트로서 고객과 상담할 때 목적이 수주 목표 달성(전속빌딩으로 수주, 일거리 확보)이 아니라 '고객의 이익과 혜택'을 위해 에이전트로서 어떤 역할을 해줄 수 있는지를 강조해야 한다. 그리고 처음 만나서 서로 인간적 친밀감이 형성되지 않은 고객에게 내 이야기만을 해서는 안 된다.

특히 첫 미팅에서는 전체 대화 시간 중에서 80% 이상을 고객이 사용하며, 에이전트가 해야 할 역할은 고객의 이야기 속에서 내가 궁금한 사항을 파악하고 고객의 니즈가 술술 나올 수 있도록 효과적으로 질문하는 것이다. 에이전트의 역할은 적합한 질문과 호감의 제스처가 들어간 호응이다. 고객의 니즈를 완전히 파악하면 2차 미팅에서 줄 솔루션은 상당한 수준의 완성도를 보일 것이다. 자연스럽게 수주로 이어지는 것이다.

★ ★ ★

저절로 되는 것은 없다. 계속 노력하라

프로페셔널한 대응은 에이전트가 얼마나 많은 업무량을 소화하고 있으며 발굴한 고객을 얼마나 밀도 있게 진행하고 있는지, 평소에 얼마나 다양한 상황을 대비해 연습하고 있는지에 따라서 그 시간을 현격히 단축할 수 있다. 앞서서 자주 언급지만, 다시 한번 표현해 보겠다. 부동산 에이전트라는 직업은 오래 해서 잘하는 일이 아니고 제대로 배워서 많은 업무량을 소화하는 사람이 승리하는 게임이다. 그래서 부동산 일을 처음 시작하는 사람에게는 큰 가능성이 존재하는 것이다. 내가 일한 만큼, 내가 만난 고객의 숫자가 내 수입을 결정하는 정직한 직업이다.

내가 26살 때, 내 책상 옆의 사수는 수시로 내 고객 상담 차트를 넘기면서 어떻게 진행하는지 확인하고 내 옆에서 고객과 약속이 잡힐 때까지 전화를 계속 걸게 했다. 나는 짜증이 났지만, 꾹 참고 계속 시키는 대로 했다. 그 짜증을 참고 매일 거는 전화 50통이 한 달 (25일 영업 기준)이 쌓이면 1,250통을 걸게 되고, 1,250통 콜드콜의 결과가 가망 고객을 13명이나 찾아준다는 사실을 알고 있었기 때문이다. 심지어 콜드콜은 내가 제안하기 위해 만나자는 '약속 잡기'가 목적이기 때문에 약속이 매일 5건 이상 잡힌다는 것을 알고 있었다(솔직히 이제는 50통 전화하면 만남 그 자체가 목적이라면 10~15명은 약속이 잡힐 것이다). 당시 하루 5명은 약속 잡고 만나고, 약속 때문에 찾아간 건물의 옆, 그 건물의 다른 가망 고객을 돌방(그냥 약속 없이 방문)까지 진행해서 매일 10명을 만나는 10방 리스트를 작성하고 팀장에게 다음 달 보고를 했다.

계약은 열심히 해도 못 할 수 있다. 그것은 욕먹을 일이 아니다. 그러나 자신이 움직여서 달성할 수 있는 잠재고객을 확보하기 위한 활동을 이루지 못했다면 욕을 먹어도 그건 당연한 결과다. 한 달 25일을 영업한다고 하면 하루 10명을 만나는 것은 매달 250명을 만나는 것이다. 결과적으로 당신은 무조건 계약을 할 수 있다. 아니 하게 되어 있다.

★ ★ ★
항상 열심히 하는 모습을 보여라

'열 길 물속은 알아도 사람 속은 알 수 없다'는 속담처럼 전속으로 수주한 건물의 건물주도 같은 심정이다. 건물주는 일정 기간, 독점적으로 자신의 자산을 에이전트에게 맡긴 것이다. 건물 내 공실이 발생하거나 신축 건물이라 건축 공사 중인데 들어올 임차인이 하나도 결정이 안 됐다면 얼마나 불안하겠는가? 아마 잠이 오지 않을 것이다.

건물주는 자신의 전속 부동산 담당자에게 이렇게 말하고 싶을 것이다.

"어제 잘 주무셨어요?"

"잘 주무셨다고요? 잠이 오던가요?"

위와 같은 말이 건물주의 마음속 깊은 곳에 깔린 전속 에이전트를 바라보는 불안한 마음을 대변하는 것이다. 이런 불안감을 잠재워 줘야 한다. 정치인이 임기마다 선거를 통해 재신임받듯이, 에이전트가 항상 열심히 하는 모습을 보여줘야 받아 놓은 전속계약도 유지되며, 의뢰 고객에게 끝없이 재신임받게 된다는 점을 기억하자.

★　★　★
함께 일하고 싶은 동료가 되라

팀워크를 잘 유지하는 것도 전속 프로젝트 성공의 열쇠 중 하나다. 아무리 능력이 뛰어난 사람도 여러 건의 프로젝트를 동시에 다 진행할 수는 없다. 전속 임대차 업무, 전속 매매, 신축 빌딩 프로젝트, 노후 빌딩 리모델링이나 신축을 위한 프로젝트까지 부동산 비즈니스 안에서도 업무는 매우 세분화되고 일하면 할수록 일이 느는 이상한 직업이 부동산업이다.

혼자서 모든 일을 감당하기 힘든 상황일 때 생산성이라는 것을 생각해야 한다. 고객 발굴에서 계약에 이르기까지 전체 프로세스 중에서 내가 안 해도 되는 파트를 빼내고 비서를 채용해서 업무 지시를 할 수도 있고, 영업 파트라면 신입 에이전트나 수습사원을 영업 비서로 채용해 영업에 필요한 다양한 사전 작업을 지시, 감독할 수도 있을 것이다. 이런 방법을 쓰면 아주 심플한 케이스로 업무를 확대해 나갈 수 있다.

그러나 일이 늘어가는 상황에서 영업 사원인 동료가 아니라, 내가 고용한 비서를 정규직으로 채용한다는 것은 부담스러운 일일 수도 있다. 이런 경우 수주한 프로젝트를 같이 진행할 동료 에이전트를 찾아서 같이 일할 것을 제안할 수 있다. 해당 프로젝트에서 팀장과 팀원의 관계가 형성되는 것이다. 인간관계가 일로 엮이게 되면 그냥 같이하자는 차원이 아니라, 정확한 업무 분장과 역할을 정리하고 예상 매출의 배분도 미리 정하는 것이 좋다.

각자 일하던 동료가 같이 프로젝트를 하게 되는 과정에서 생각해 둘 것을 이야기해 보겠다. 나는 신입 에이전트를 교육할 때면 이런 말을 계속한다.

"우리가 부동산 일을 하면서 진짜 큰돈을 벌어주는 고객은 건물주, 임차인이 아니고, 내 옆 책상을 사용하고 있는 동료다."

같은 회사에서 일하는 동료 사이에서 누가 일찍 출근하는지, 누가 늦게 퇴근하는지, 누가 열심인지, 누가 실적을 잘 내는지, 누가 인성이 좋은지, 누가 서류를 잘 만드는지, 누가 예의가 없는지, 누가 게으른지 등 말을 안 해도 다 안다.

눈을 감고 내 주변 동료 중 가장 같이 일하고 싶은 사람을 떠올려 보자. 그리고 과연 당신은 남의 머릿속에서 떠오르는 그런 인상적인 동료인지 생각해 보자.

고객만 에이전트를 선택하는 것이 아니라, 내 동료 중 능력 있는 사람이 일이 넘치다 못해 돈을 나누더라도 자기 일처럼 해줄 만한 사람을 찾게 된다. 그때 가장 먼저 떠오르는 동료가 되라고 말하고 싶다.

신입 에이전트라면 이런 좋은 호감을 동료에게 준 덕분에 남들보다 현격히 빠르게 첫 계약을 하게 될 것이며, 자기 능력으로 클로우징하기 힘든 큰 계약도 동료나 선배 덕분에 경험하게 될 것이다. 심지어 돈에 있어서는 10% 정도밖에 배분받지 못한다고 해도 말이다. 오히려 돈을 주고 배워야 할 정도의 프로젝트 진행 과정을 옆에서 경험하게 되는 것이다.

'돈 주고 못 살 경험' 그런 것은 분명 존재한다. 절대 사무실 안에서 경계를 늦추지 말기 바란다. 나에게 일거리를 줄 고객은 영업하기 위해 사무실 밖으로 파밍을 나가기에 앞서서 이미 내 사무실 안에서 당신의 게으름을 지켜보고 있다.

자기 딸과 결혼해도 될 만한 사람이라든지, 사윗감, 며느릿감, 남편감, 와이프감 이 정도로 동료에게 호감을 주는 사람으로 인식되면서 일하기를 바란다. 내 주변에는 그런 강력한 호감을 고객에게 주면서 열심히 일한 덕분에 건물주의 며느리가 된 사람도 있다.

우리에게 귀인은 하늘에서 떨어지는 것이 아니라 내 주변에 있다.

★ ★ ★

고객에게 입에서 나오는 대로 이야기하지 마라

고객에게 내 입에서 나오는 대로 이야기하지 말라는 그 빤한 이야기를 반복하는 이유는 진짜 지키기 힘들기 때문이다. 세상을 살다 보면 자주 듣고, 수긍은 하지만 지키기 힘든 빤한 이야기가 있다. 잘 생각해 보면 그 빤한 이야기를 지키면 다 성공한다는 사실이다. 인정하기는 싫지만, 진리는 복잡하지 않다. 뻔하다.

신입 영업 사원 시절에 나는 말을 거칠게 하기로 유명했다. 윗사람에게도 예외는 아니었다. 당시 상사와 큰 소리로 다툰 적이 있었는데, 내 상사가 나에게 이런 야단을 쳤다.

"창희야, 주둥아리에서 나오는 대로 지껄이지 마라. 뱉은 말은 담을 수가 없다."

가족이나 친구에게 말실수하면 정말 뉘우치고 사과해서 해결할 수가 있다. 그런데 입 밖으로 어떤 말을 했는데, 들은 사람이 고객이면 어떤 방향으로 튈지 알 수가 없다. 이런 상황이 말이 아니라, 글로 이뤄지면 계약 사고가 나는 것이다. 전속계약을 이야기하기 전에 말에 대한 신중함을 먼저 이야기하는 의미를 잘 생각하기를 바란다. 부동산 관련 계약은 심각하게 큰돈과 연관되어 있기 때문에 잘못되면 말로 사과해서 끝나지 않는다.

★ ★ ★
고객을 처음 만나는 날에도 전속계약서를 준비해라

내게는 '영업용 왕진 가방'이 있다. 영업을 한창 하던 시절에 파일럿 케이스라고 불리는 두꺼운 서류 가방을 차에 항상 싣고 다녔다. 아직도 집에 갖고 있는 다 헤진 낡은 영업용 왕진 가방 안에는 보이는 것과 보이지 않는 것이 함께 들어 있다. 눈에 보이지 않는 것은 내가 평소에 늘 연습하고 다녔던 고객에게 어떤 말을 할지에 관한 '말하기 연습, 상황별 스크립트, 마음 각오' 등 이런 무형의 것이고, 눈에 보이는 유형의 것은 정말 다양하게 들어 있다.

전속계약서 4가지 종류(매도, 매수, 임대, 임차), 고객 상담 차트, 여분의 명함, 주요 경쟁 건물 임대가 조사표(CMA), 회사 소개서, 내 프로필(간단 버전 이력서, 나를 처음 보는 고객과의 만남을 취업 면접 같다고 생각했고 회사와 나, 둘 다에 만족해야 일을 준다고 믿었다), 간단한 판촉물, 야간이나 공사장 답사를 대비한 소형 손전등, 휴대폰 충전용 배터리, 줄자, 전속 대행 중인 매물 자료나 임대 안내문, 임대대행 제안서(성공적으로 마무리한 건물에 제안했던 제안서를 출력해서 샘플로 갖고 다니면서 고객에게 보여주면서 전속을 달라고 말하고는 했다.) 등으로 가방 안은 가득 채워져 있다. 이 밖에도 가방에는 넣지 못하지만, 차 트렁크에는 공사장에 들어가기 위한 공사 안전모와 안전화를 갖고 다녔다. 나의 강박증이 제일 심했을 때는 언제든 계약서를 작성해야 한다고 생각해서 차 안에 차량용 전원 인버터에 연결된 잉크젯 프린터와 여분의 노트북까지 싣고 다녔다. 실제 쓸 일이 별로 없었지만, 그렇게 마음이 든든할 수가 없었다.

내가 이렇게 이야기하는 취지는 언제든지 다가올 고객과의 만남을 준비해 두라는 것이다. 이뿐만 아니라 누구를 만나든지 부동산 이슈라면 고객이 될 수 있다는 마음을 갖고 살라는 의미다. 잘 설명하고 고객이 고개를 끄떡이는데, 그날 헤어지면서 다음에 만나서 전속계약하자고 말하지 말라는 의미다. 계약은 할 수 있을 때 하는 것이다. 클로우징에 다다른 느낌이 오면 바로 가방에서 전속계약서를 꺼내야 한다.

나는 전속계약을 잘 받는 편이다. 열의를 다해 고객에게 브리핑하면서 중간에 되묻는다.

"대표님, 지금까지 이렇게 설명해준 부동산이 있었나요?"

"제가 설명해드린 대로 그대로 이루어진다면 건물이 채워지지 않겠습니까?"

부정의 대답이 안 나올 정도로 철저히 준비해 상담하라고 권하고 싶다. 긍정적 시그널이 오면 전속계약서를 꺼내서 사인해 달라고 이야기한다. 그리고 전속계약의 의미, 기간, 수수료와 해지 조건 등 중요한 부분을 설명한다. 그래도 설득이 안 되면 이렇게 이야기한다.

"지금 전속계약서에 날인을 해주시고 계약서 2부 모두 고객님이 갖고 계십시오. 다음 주 제가 1차로 업무보고를 하러 왔을 때, 그 업무보고상의 일주일간의 제 활동이 마음에 드시면 그때 계약서를 주십시오. 하지만 지금 전속을 안 주시면 저는 지금까지 제가 설명한 마케팅 활동을 할 수가 없습니다."

★ ★ ★
때로는 고객을 버릴 줄도 알아야 한다

아무리 설득해도 더 생각해 본다는 고객도 있다. 전속은 아니지만, 자신을 믿고 고객을 찾아서 실력을 보여 달라며 역으로 에이전트를 설득하는 때도 있다. 이런 경우 나는 단호하게 이야기한다.

"다른 에이전트를 찾으세요. 저는 대표님 일을 하지 않겠습니다. 안녕히 계세요."

30년에 가까운 경험상 시작부터 삐걱대는 프로젝트 치고 결과가 좋은 것을 보지 못했다. 그때 미리 욕먹고 나중에 있을 피눈물을 막아라.

영업은 좋은 기운을 갖고 해야 결과도 좋게 나온다. '을'로서 계약하는 부동산 에이전트지만, 우리도 고객을 선택할 수 있고 버릴 수 있다. 안 좋은 성향의 고객은 버려야 한다. 나쁜 고객은 기분 나쁜 것으로 끝나는 것이 아니라 영혼을 갉아먹으며 더 심각한 것은 '내 시간'을 녹여 먹는다. 미련 없이 만남을 중단하라.

★ ★ ★

전속을 임하는 마음과 각오를 먼저 이야기한다

나는 잠재고객을 만날 때 아이스 브레이킹 타이밍에 항상 나에 대해서 이야기를 먼저 시작하고 내가 가진 부동산에 대한 마음이 '쩔쩔 끓고' 있음을 강조한다. 그냥 흔하디흔한 공인중개사처럼 일하지 않겠다고 약속한다. 고객의 부동산이 역삼동 이면의 아주 작은 소형 건물이고, 공실이 전용 면적 30평밖에 안 된다고 하더라도 고객의 마음(의뢰하는 일)을 가볍게 보지 않겠다고 다짐한다.

사실 그 빈 2층의 분할된 30평 사무실 건물도 매매가는 백억을 넘는 경우도 많다. 땅을 파보라. 백 원도 나오지 않는다. 모든 일을 대할 때 진지하게 하라는 뜻이다. 1만 평 건물 수주를 위한 마음과 1백 명 건물 수주하는 마음 각오와 같아야 한다.

단 영업할 때 에이전트의 매출 목표나 시간 활용 측면에서, 상담 후 전속을 제안하거나 의뢰를 접수해 올 때 완급 조절은 해야 한다. 덜컥 모든 것을 일거리로 다 받아오면 안 된다.

★ ★ ★

전속이 아닌 일은 아예 안 맡겠다고 생각하라

농담처럼 내가 고객에게 가끔 하는 소리가 있다. 고객과의 대화 형식으로 예를 들어 보겠다.

고객: 노 부사장이 내 건물 일을 직접 맡아줬으면 좋겠어요.

나: 예, 검토해 보겠습니다. 제가 오늘 미팅 전에 만들어 온 전속 임대대행 계약서인데 서명해주십시오.

고객: 저는 전속은 안 주는 타입인데요. 우선, 임차인을 찾는 실력을 보여주세요.

나: 오늘 제가 설명해드린 대로 제가 마케팅하고 매주 업무 보고를 드린다면 건물이 안 채워질까요?

고객: 음, 그렇게까지 일 해준다면 임차인이 찾아질 거는 같아요.

나: 그렇다면 제가 계획대로 일할 수 있게 전속을 주시고요. 만약에 오늘 처음 뵙는 거라 부담스러우실 수도 있으니 사인한 전속계약서 2부를 모두 고객님이 갖고 계세요. 다음 주 업무보고 하러 오는 날, 제 영업 활동을 보시고 계약서를 저에게 주시든지 찢어버리시든지 결정하십시오. 그러나 오늘 사인을 안 하시면 고객님 일을 안 할 겁니다. (웃으면서) 고객님, 혼인신고 먼저! 이후에 임신과 출산을 해드립니다.

이제 부동산 비즈니스는 일반 의뢰로, 같은 일을 동네 모든 부동산이 다 진행할 수 있는 가능성을 열어 두는 방식으로 하면 안 된다. 그렇게 일하면 실제로는 누구도 그 일을 열심히 하지 않는다. 그 점을 고객에게 설명하고 전속으로 일을 진행해야 한다. 말귀를 알아듣지 못하는 고객까지 모두 진행 고객으로 하기엔, 우리에겐 시간이 없다.

★　★　★

제안하는 건물 주변에서 일어나는 일을 관찰, 수집하라

파밍을 한다는 것은 말 그대로 농사를 짓는 것이다. 부동산 에이전트를 직업으로 택했다면 당신의 재배 작물은 '부동산업'이 된 것이다. 농사를 짓는 농부의 일상을 생각해 보라. 자신의 논밭에서 씨를 뿌리고 추수 때까지 장마, 가뭄 등 모든 어려움을 농작물과 함께하며 결국 수확물을 거둔다.

농부는 자신의 체력으로 감당할 수 있는 땅 크기 내에서 농사를 지어야 한다. 부동산 영업도 마찬가지다. 일을 시작하자마자 욕심이 앞서서 감당할 수 없는 파밍 지역을 정해서 데이터를 축적하는 데 오랜 시간이 걸리다 보면 파밍 지역 내의 데이터의 신선함이 떨어진다. 공실 정보가 오래되어 계약한 건물 자료가 업데이트가 안 되어 임차인, 매수자에게 실수할 수도 있다. 무슨 20년 전 부동산 시장처럼 본의 아니게 허위 매물로 가득 차게 된다.

신입 에이전트로서 감당할 수 있는 규모의 작은 지역을 파밍 지역으로 정하고 완벽히 저인망식으로 촘촘히 데이터를 만들고 고객을 찾는 활동을 해야 한다. 해당 지역에서 모르는 것이 없을 정도가 되면 옆으로 조금씩 확장해 나간다. 그렇게 해야 신입 에이전트이더라도 자신의 파밍 지역 내에서 그 누구보다도 압도적인 에이전트가 될 수 있다. 압도적인 실력을 갖추면 전속 건물 수주도 가능하고 안정적인 수익도 보장받을 수 있다.

신입 에이전트지만 자신의 파밍 지역에서 일등이 되고, 신축 건물이나 공실 건물이 내 전속이 되고, 임대차 계약이나 매매 계약이 나오는 시간 속에서 놀랍게도 꽤 일할 만한 준전문가로 성장하는 탄탄대로에 올라설 것이다. 이때부터는 농장지를 넓혀 나가도 된다. 자신의 지역에서 전문가가 되기 전까지는 무리한 파밍 지역 확장보다는 작은 파밍 지역에서 일등이 되어야 한다는 것을 잊지 말자.

★ ★ ★

때로는 부동산 에이전트가 아니라 고객으로서 다가가라

에이전트로서 어떻게든 일하기 위해 당신이 점심시간에 맛있는 식사를 하고 나오는 길에 식당 사장에게 부동산 상담을 시도한다고 한다면? 답은 아니다. 단지 계산할 때 내 명함만 주고 사장님 명함을 받아오면 된다. 식당 연락처는 다 공개되어 있지 않은가.

이때는 오후 3~4시쯤(브레이크 타임 시간)에 전화를 걸거나 재방문해서 인사를 다시 하라. 전화를 건다면 "안녕하세요? 며칠 전 식사 했던 사람인데요."(이렇게 말을 시작하면 식당 손님이었다는 사실 때문에 거절의 파도는 없을 것이다.) 그 이후에 말한다.

"사장님, 얼마 전 식사를 너무 맛있게 했는데요. 제가 인근 신축 건물 임대 담당자인데, 건물 자료 하나를 지나다 드리려고 합니다. 3~4시 사이 잠깐 자료만 드리려고 들러도 될까요?"

이 정도 통화면 족하다. 내가 단순히 무언가 팔아먹으려는 사람으로 인식되는 것보다는 서로가 고객이라는 마음을 갖게 만들라는 뜻이다. 실제로 이사나 확장, 부동산 투자를 고민하는 사람이었다면 그 식당 주인은 '귀인'을 만나게 되는 것이다.

★ ★ ★

거래 성사 후 가장 이익을 보는 사람이 고객임을 인지하게 하라

신입 에이전트 시절, 고객의 심한 거절에 자존심도 상하고 회의를 느낄 때면 나는 팀장이 내게 해주던 말을 종종 생각했다.

"고객이 일이 성사되면 우리에게 수수료를 주는 것은 고마운 일이지만, 부동산 거래가 성사되어 가장 큰 이익을 보는 사람은 고객이다."

에이전트가 받는 1% 내외의 수수료는 고객이 얻을 미래의 투자 이익을 생각한다면 돈도 아니다. 에이전트가 먼저 고객을 찾아다니다 고객을 만나게 되고, 그 고객에게 일을 얻어 계약까지 하게 되는 일련의 과정에서 가장 큰 승자는 '고객'이다. 이런 점을 생각한다면 당당하게 일할 필요가 있다. 그래서 불친절하고 예의 없는 고객을 만나면 나는 경고한다.

"사장님, 자꾸 이러시면 저도 사장님 일을 더는 못합니다. 거래 성사되면 내 건물입니까? 내 돈이냐고요."

성실한 에이전트의 부동산 서비스를 받고 고객은 부자가 된다. 고객을 부자로 만드는 직업이 우리 에이전트다. 무례한 건물주의 일까지 해줄 필요가 없다는 말이다.

7장

장

성공의 핵심

" 지속적인 잠재고객 발굴 활동 "

★　★　★

약속 잡는 것을 목적으로, 적더라도 꾸준히 한다

전화로 상품 판매를 하거나 나를 너무 알리려고 하지 마라. 콜드콜의 목적은 다시 한번 강조하지만 '약속을 잡는 것'이다. 목적 달성은 나를 만나주겠다는 1차 관문을 통과해야 시작할 수 있다. 매일 50통, 100통의 콜드콜을 하는 것은 전문 콜센터의 텔레마케터가 아니면 쉽지 않다. 능숙한 텔레마케터도 에이전트가 하는 부동산 관련 콜드콜은 쉽지 않을 것이다.

신입 에이전트라면 2~3주 정도는 매일 오전 1~2시간을 투자해 콜드콜을 통해서 오후 활동에서 만날 고객과의 약속을 잡아 보라고 권하고 싶다. 단 옆에 자신의 전화 멘트를 체크해주고 스크립트를 수정해줄 선배, 동료나 코치가 함께 있어야 한다. 옆에서 코칭을 받는 것보다 더 중요한 일은 없다.

사람의 의지는 며칠을 이어가기도 쉬운 게 아니다. 과거에 내 신입 팀원 중에서 좋은 대학교를 나와서 대기업을 다니던 사람이 입사했다. 콜드콜 명단을 주고 스크립트 하나를 같이 연습한 후, 내 옆 책상에서 온종일 전화를 하게 했다. 오후가 되자 화난 눈빛으로 자신은 콜센터 직원이 되기 위해 입사한 게 아니라고 항의했다(하루도 못 견딜 성격인데 영업을 우습게 보고 입사하는 사람이 많아서 나는 이런 소리에는 이제 화도 나지 않는다). 내 대답은 이랬다.

"아이고, 저도 ○○○ 씨를 텔레마케터 만들려고 전화하게 하는 거 아닙니다."

당시 그 신입은 온종일 전화를 돌렸는데도 약속이 안 잡힌다는 것이었다. 당시 나는 31살인가 그랬던 것 같다. 지금의 나에게 그런 항의를 했으면 조금은 더 쉽게 알아들을 수 있도록 이야기해주었을 텐데, 당시의 나는 전형적인 애니어그램 3번 유형으로 효율성만 따지는 성격 그 자체라서 화를 냈었다.

"어디서 전화 반나절 돌리고 나서 그따위 소리를 합니까. 손님이 지금 넘쳐납니까?"

나는 회사의 영업 매뉴얼에서 배우고 그 매뉴얼을 가르치면서 살아온 사람이라서 변칙보다는 영업 매뉴얼대로 일하려고 노력해

왔다. 영업 매뉴얼에는 콜드콜을 하라고 적혀 있고, 많이 할수록 빨리 성장할 수 있다고 쓰여 있다. 콜드콜의 목적이 건물주나 임차인 등 큰돈을 벌어줄 고객을 처음 만나러 가는 첫 단추를 끼우는 행위이기 때문이다. 영업 30년 차, 50년 차라도 처음 만나는 고객과 약속을 잡으려면 '전화'를 걸어야 하는 건 똑같다.

나는 우리 팀원이라면 입사 초기에 무조건 거쳐 가야 하는 프로세스가 있었다. 이 책에 설명한, 영업을 시작한 사람이라면 무조건 해야 한다고 이야기한 것을 실제로 옆에 앉혀 놓고 강제로 하게 하는 것이었다. 나는 팀원 교육을 할 때 '입사해서 꼭 해야 하는 활동과 꼭 만들어야 하는 능력을 내가 만들어줘야 한다'는 굳은 생각이 있었다. 어떤 면에서는 유연성이 없었다. '하든지, 나가든지' 이런 스타일이었다. 업계에서 '노창희 밑에서 배우면 돈은 벌 수 있는데 너무 힘들다'는 소문이 날 정도였다.

회사에서 영업하는 사람을 가르치는 이유는 가장 효과적으로 빠르게 돈을 벌어 오게 만들기 위해서다. 그렇기에 가장 빨리 돈을 벌 방법을 가르친다. 그대로 행하는 것이 가장 쉬운 성공법이다. 그 뻔한 이야기는 한결같다.

"아주 적은 양이라도, 매일 신규 고객 창출을 위한 활동을 해라."

"긴 가방끈과 화려한 경력으로 성공하는 직업이 아니라, 엉덩이가 가벼운 사람이 승리하는 직업이다."

매일 매일 적더라도 멈추지 않고 '잠재고객을 발굴'하는 것이 '성공법'이다. 큰 계약을 해서 큰돈을 벌고 싶다는 마음은 실제로 당장은 이루어지지 않을 수도 있다. 그러나 내가 하루에 10시간을 영업을 위해 어떻게 쓸 것인지, 하루에 몇 명을 만나고 하루를 보낼지는 내가 결정해서 내 의지대로 실천할 수 있다. 내 주도하에 할 수 있는 일을 하면서 영업의 행군을 이어 나간다면 원하는 결과를 얻게 될 것이다.

★ ★ ★
파밍하면서 콜드콜 소스를 만들고 퇴근하라

어디에다 전화를 걸어야 하나? 생뚱맞게 일반 기업 명단을 출력해서 전화를 막 돌리라는 말인가? 상대방이 누구인지도 모르는 막연함, 거절을 당할 때를 미리 생각한 두려움 등으로 콜드콜은 단연코 쉬운 일이 아니다. 어떻게 하면 이런 점을 극복하고 전화를 걸수가 있을까? 답은 나의 '익숙한 파밍 지역'에서 시작한다고 말하고 싶다.

'매일 일찍 출근해서 영업 준비를 마치고 고객이 일하기 시작하는 9시부터 퇴근하는 6시까지는 외부에서 파밍을 하라'는 이 빤한 이야기를 여러 차례 강조하고 있다. 우리는 매일 같은 블록에서 파밍을 해야 한다. 파밍 지역 내 나의 타깃 건물로 정한 우선 대상 100개의 건물 중 1~5번 건물을 어제 파밍했다면, 오늘은 6~10번 건물을 파밍하라는 의미이다. 여기서 이야기하는 파밍은 아주 밀도 높은 영업을 의미한다.

건물 앞에 섰다고 가정해 보자. 건물의 외관은 어떤 자재인지, 로비, 주차장, 계단실, 승강기 등 건물의 특징은 무엇인지 살핀다. 구석구석 사진도 많이 찍어서 남긴다. 공실이 있다면, 건물주(소유자, 관리인, 관리하는 부동산 등) 쪽 사람을 만나서 조건을 확인하고 빈 곳의 사진이나 스토리도 모두 수집한다. 이때 꼭 어떤 임차인이 사용하고 있는지 확인해야 한다. 이런 패턴으로 규모에 따라 1~5개 건물을 파악하고 사무실로 복귀한다.

되도록 신입 6개월 차 정도까지는 사무실로 복귀해 지칠 때까지 야근할 것을 권한다(다 한때다). 사무실로 돌아오면 그날 5개 건물에서 만난 사람들의 명함을 분류한다. 건물마다 건물주나 관리소장 명함만 5장 이상이고 건물 내 임차인 중 만나고 온 곳이 있다면 추가로 4~5장 정도로 충분히 10명을 만나고 하루를 마칠 수 있다. 에너지가 충분한데, 10명을 만나고 하루를 마치라는 의미는 아니다. 20명을 만나도 당신을 말릴 사람은 아무도 없다. 그렇게 만난 사람을 A, B, C, D로 분류해서 관리를 시작한다. 그리고 내일을 준비하고 퇴근한다.

● 다음 날 영업을 위한 준비

먼저, 오늘 방문한 건물에서 만나지 않은 층별 임차인을 확인한다. 회사는 어디인지 알고 있으니 연락처를 찾아 둔다(검색해서 대표

번호라도 체크해 둔다). 이렇게 내일도 외근 나갈 지역의 회사가 어느 건물을 몇 평을 사용하고 있는지 알아둔 상태로 정리한다.

다음으로, 지역 내 임대가 조사와 경쟁 건물의 가격을 분석한 CMA(시장조사분석표)와 전속 제안서를 준비한다. 시장조사분석표가 정확성을 갖추려면 오랜 기간 동일한 건물의 데이터가 누적되어 있으면서 수주하려는 건물과 유사하거나 지역이 같은 건물의 데이터가 많아야 한다.

다음 날 출근하면 방문할 회사에 약속 잡는 전화를 걸 수 있고, 파밍 지역에서 어제에 이어서 고객 발굴 활동을 해야 하므로 출근길이 숨 가빠질 것이다. 콜드콜 명단은 자신이 영업하면서 파밍 지역에서 자연스럽게 수집하는 것이 가장 효과적이다. 당신은 이미 그 동네에 한해서는 대한민국의 어떤 부동산 전문가보다 많이 알고 있기 때문이다.

★ ★ ★
루틴하게 신규 고객 접촉 방법을 유지하라

습관을 들인다는 것은 쉬운 게 아니다. 특히 좋은 습관은 더더욱 그렇다. 기계적으로 출근, 정해진 시간에 콜드콜 시행, 콜드콜의 결과로 약속 잡기, 약속한 고객과 만나서 전속 제안(매도, 매수, 임대, 임차, 컨설팅 등 다양한 전속 제안)을 하기까지의 과정을 매일 반복해야 한다. 적당한 수준의 습관이 아니라 무조건 지키는 그런 루틴이어야 한다.

수억 원을 투자해서 편의점, 카페, 식당을 오픈한 사람은 절대 놀지 못한다. 부동산 에이전트를 시작하는 사람에게 그런 수억 원의 투자까지는 들어가지 않는다.

6개월 정도의 생활비와 영업비용이면 충분하다. 어떻게 보면 에이전트가 준비해야 할 것은 수억 원의 돈보다 더 센 것일 수도 있다. '마음'이기 때문이다. 그것도 열정의 마음.

★　★　★

매사에 스크립트를 작성하고 전화나 미팅 전 연습하라

세일즈 매뉴얼에는 스크립트, 시나리오, 롤플레이와 같은 단어가 많이 나온다. 스크립트가 없어도 많은 고객을 만나서 실전에서 깨지고 고치다 보면 당신의 언어는 영업하면서 고객을 대응하는 데 큰 무리가 없이 발전할지도 모르겠다.

에이전트에게 스크립트, 시나리오, 롤플레이를 이야기하는 것은 더 정제된 단어와 표현을 사용해야 하고, 빨리 '돈'을 벌기 위한 단기간의 속성 과정이 필요하기 때문이다. 고객을 대면하는 다양한 채널에서 다양한 이슈가 나올 상황을 표준화해서 대응력을 최대한 높이고, 빠르고 능숙하게 만들자는 취지다.

연극의 대본이라고 생각해 보자. 드라마의 대본일 수도 있다. 포석을 둔다는 표현은 너무 멋지지 않은가? 영업하면서 뭔가 내가 다 짜놓은 판에서 세일즈가 돌아가는 쾌감을 느껴보는 것이 가능하다. 우리가 고객을 만나서 처음 입을 뗄 때 고객은 어떻게 대응할지 알 수가 없다. 그러나 충분히 예측할 수 있는 상황이다. 부동산 에이전트와 건물주, 임차인이 만나서 나올 이야기는 빤하지 않은가? 그 빤한 이야기 몇 가지를 상황별로 정리하고 실제 만났다고 생각하고 사내 코치(대표, 팀장, 동료, 세일즈 코치 등)와 역할을 나눠서 서로가 건물주도 되어 보고 에이전트도 되어 보는 것이다. 이때 웃음도 많이 나오고 이런 행위 자체가 재미있다고 느껴 보는 것이다. 특히 노련한 선배가 대응하는 말주변을 들으면서 감탄과 탄성을 크게 질러주는 센스까지 겸해 보자. 이런 놀이 같은 롤플레이는 자주 하는 것이 좋다.

내가 26살 부동산 일을 처음 시작해서 외근을 나갈 때면, 내 사수였던 옥 대리님(지금은 어엿한 부동산 회사의 대표님이다.)은 늘 내 차 조수석에 앉아서 영업하러 가는 1시간 정도를 그냥 버리지 않았다(지금 생각해 보면 내가 영업으로 돈을 버는 방법은 첫 직장에서 다 배웠다. 그만큼 빡센 코칭이었다). 서로 고객과 에이전트 역할을 하며 롤플레이를 했다.

스크립트의 힘을 믿고 혼자라도 롤플레이하는 게 중요하다. "경험이 중요하지, 시나리오를 짜서 연습한다고 얼마나 늘겠어요?"라고 반문할지도 모르겠지만, 그렇지 않다.

일하다 보면 전 세계적으로 검증된 마케팅 방법이나 코칭 방법을 들었지만, 부정하는 사람들이 있다. 나는 그 이유를 안다. 자신이 한다고 생각하니 엄두가 안 나는 것이다. 그들도 속으로는 안다. 막연하게라도 효과는 있으리라는 것을 말이다. 특히 서양사람 중에는 이런 연습을 통해서, 숫자적 접근을 통해서 노하우를 짧은 시간에 주입하는 방식의 대가가 많다. 동양적 사고로 보면 각고의 연습을 통해 경력과 나이를 뛰어넘는 '청출어람'이 가능하다고 생각한다. 여기서 진짜 중요한 것은 실력은 시간이 지난다고 느는 것이 아니다. 오히려 열심히 하지 않고 시간만 가면 '바보'가 된다.

영업을 처음 시작하는 에이전트는 모든 환경이 새롭다. 100억짜리 건물의 건물주를 어떻게 대해야 할지, 1,000억짜리 건물의 관리소장과 어떤 대화를 해야 할지, 내가 진행 중인 임차인 때문에 건물 임대대행인 타 부동산 에이전트를 만날 때 어떻게 해야 하는지 등 여러 환경에서 대화하게 된다. 그런데 이런 상황에서 말하는 것이 진짜 중요한 이유는 말 한마디 한마디가 돈과 관련되어 있기 때문이다.

예를 들어 테헤란로 대로변 빌딩 1개 층의 월 임관리비가 1억 수준인 건물은 흔하다. 협상 과정에서 쉽게 렌트프리 1개월(1년 임대료 중 1개월을 할인해 달라는 뜻이다. 임대 시장에서 공실률이 높아지면 임대료 할인이 늘어나고, 공실률이 0%에 가깝게 줄어들면 건물주는 들어올 임차인을 가려 받으려는 경향을 보이며 심사하는 등 시장에 따라 움직이는 임대 정책이 부동산 협상의 묘미다.) 달라, 2개월 달라, 공사 기간을 한 달 더 달라 등 수억이 왔다 갔다 하는 말이 협상 테이블에서 마구 오간다. 긴장감 넘치는 협상이 끝나면 마치 마라톤을 한 것처럼 에너지가 소진되는 경험을 하게 된다. 할 말과 안 할 말을 구분하고 비수를 꽂듯이 적재적소에 할 말을 찔러 넣는 것, 이것이 진짜 연습이 필요한 이유다.

● 스크립트 연습 포인트
  - 누구를 만나든 단, 1분이라도 할 말과 안 할 말을 구분하라!
  - 내가 할 이야기에 대응할 상대방의 수를 미리 읽고 준비해 둬라!
  - 예상치 못한 상황에서는 억지로 대응하다 일을 망치지 말고 판을 깨라. 그 자리를 떠라!
    (손자병법에도 있는 전략이다. '삼십육계 줄행랑'을 하라는 말이다.)
  - 항상 공격수가 되라. 고객이나 협상의 상대방을 대응할 때, 우리가 질문하고 상대방이 대답하게 만들어라!
    (수비를 하다 보면 마음이 조급해지고 상대방에 휘말려 꼬투리를 잡힌다.)
  - 이상한 질문이 오면 질문을 반복하며 다른 질문으로 상대방을 코너로 몰아라!
  - 당황스러운 상황이 올수록 그동안 연습한 스크립트를 떠

올려라!

(안되면 국어책 읽듯이 스크립트를 외워서 대응하라. 어설퍼 보여도 폭망은 막아준다.)

– 당신의 스크립트의 힘을 믿어라!

(연습은 그냥 하는 것이 아니다.)

– 평소에 사람과의 대응력을 높이는 연습을 하라!

(식당 사장님, 카페 아르바이트생, 미용실 원장님, 가족 사이에서 대화할 때 상대방이 예상 못한 질문이나 행동을 해보라. 주변에는 온통 나의 스승으로 가득하다. 심지어는 어린 자녀가 아빠, 엄마의 돌발 질문을 기가 막히게 대응하는 모습을 보면서 당신은 다음 날 기가 막힌 협상을 끌어낼 수도 있다.)

– 최악의 상황에는 억지라도 부릴 줄 알아야 한다. 상대방에게 쉽게 보이지 마라!

★　★　★

통계와의 싸움에서 이겨라

한 달 중 20일을 일한다는 가정하에 '하루에 단, 1명의 고객과 미팅한다'는 아주 최소한의 작은 목표를 세워 보자. 하루에 1명이면, 한 달이면 20명이나 된다. 이 20명이 신축 건물주이고, 이렇게 만난 건물주에게 매일 자신을 소개하고 전속으로 수주하기 위해 노력한다고 상상해 보라. 1년이면 당신은 240명의 건물주를 만나게 된다.

당신의 전속계약 수주 확률을 1%로 소극적으로 잡아 보자. 당신은 2.4개의 건물을 전속 건물로 수주하게 된다. 당신이 임대대행 에이전트가 되는 것이다.

대기업 부동산 회사나 자산관리 회사는 건물을 수주할 때 수주 원가 같은 개념을 갖고 있다. 개인 에이전트가 건물을 임대대행으로 수주하는 경우라도 수주 원가를 생각해야 하는데, 이 2.4개의 수주 대상의 개별 건물별 기대 매출은 1개 건물당 5천만 원 정도는 잡아야 한다. 그렇다면 2.4개 건물을 수주해서 잘 채우는 행위만으로 1년 매출이 1억 2~3천만 원이 되는 것이다. 결국 얼마나 꾸준하게, 정해진 숫자의 잠재고객 접촉을 시도하느냐가 영업 성공의 핵심이다.

부동산 에이전트는 만난 사람의 숫자에 비례해서 돈을 버는 직업이라는 사실을 여러 차례 이야기했다. 스스로 마음이 여리고 결정 장애, 소극적 성격, 약간의 대인 기피 증세가 있다고 해도 직업을 부동산 에이전트로 선택했다면 '스마트폰'은 당신의 신체 일부가 되어야 한다.

경력이 쌓이면 쌓일수록 전화벨은 더욱 많이 울릴 것이고 진동으로 해 둔다면 전화 진동 때문에 몸이 안마기 안에 들어가 있는 느낌이 들 것이다. 나는 가끔 전화가 오지도 않았는데, 전화기를 확인한다. 자꾸 전화가 온 것 같고, 전화 소리가 들린 것 같고, 진동을 느낀 것 같은 착각을 하는 것이다. 직업병이라고 생각한다.

그리고 어떤 계획이나 목표가 생기면 공표해야 한다. 나중에 목표를 못 이루면 창피하고, 민망하고, 망신을 당할 수 있다는 이상한 공포를 만들라는 뜻이다. 나의 의지를 도와줄 수 있는 안전장치를 여러 가지 만들어 놓는 것이 필요하다.

예를 들어 신입 에이전트가 1년에 3억 원의 수입을 얻고 싶다면 동료와 함께하는 전체 회의나 전체가 소통하는 사내 전산망 같은 곳에 자신이 올해 얼마의 수입을 내겠으니, 자신이 지치거나 힘들어 보일 때는 격려와 채찍질을 해달라고 공표하는 것이다. 이때 포인트는 동료들에게 창피함을 느끼라는 것이 아니고, 자신이 정한 1년 소득 목표를 이루지 못해서 자신과 가족 행복의 근원 중 하나인 '돈을 못 버는 것'에 두는 것이다. 동료들은 이런 동료의 객기를 한 번 웃으며 넘기겠지만, 공표한 에이전트 자신은 상당한 압박을 받기 때문에 목표를 이룰 확률이 높아진다.

★　★　★

자신의 의지를 지킬 장치를 이중 삼중으로 만들어라

부동산 에이전트로서 성공하기 위해서는 성공한 사람처럼 행동해야 한다. 특히 신입 시절에는 놀지 말아야 한다. 6개월은 꼭 참고 성공을 위한 발판을 마련해야 한다.

당신이 30살이라 하더라도 당신은 1억의 연봉을 벌려고 에이전트를 시작한 것이다. 세상에 공짜는 없다. 부동산 하면 큰돈 번다는 말에는 한 단어가 빠져 있다. '죽도록'이라는 단어다. 죽도록 일해야 큰돈을 벌 수 있다는 것이다. 다시 말해 사고의 전환이 필요하다는 말이다. 에이전트는 자산가를 상대하는 직업이고 자신도 자산가가 되기를 꿈꾼다. 자산가가 되기 위해서는 일반 직장인의 사고를 하면 안 된다.

언젠가 신입 에이전트에게 몇 시에 출근하느냐고 물어본 적이 있다.

> 나: 연주 씨(가명), 몇 시에 출근하세요?
>
> 신입: 9시에 출근합니다.
>
> 나: 왜, 9시에 출근해요?
>
> 신입: 9시가 보통 출근 시간이잖아요?
>
> 나: 누가 정한 출근 시간이에요? 연주 씨가 월급쟁이예요? 부동산 사업가잖아요? 자기 장사하는 사람이 누가 출퇴근 시간 따져요? 일찍 나오세요. 9시에서 6시는 우리 고객들이 일하는 시간이지 우리 영업시간이 아니에요. 지금 신입 시절에 제대로 자신의 영업을 반석 위에 올려놓고 자율적으로 하세요.

여기서, 부동산업에 있어서 '성공'이라는 단어의 의미를 이야기해 보려고 한다. 높은 고소득과 동반해서 자기 성장을 함께 이뤄야 한다. 돈만 많이 벌려고 한다면 굳이 부동산업을 선택하지 않아도 된다.

성공하기 위해서는 신규 고객, 잠재고객 발굴은 매일 해야 하지만, 몰입하는 날을 따로 정하는 것도 좋은 방법이다. 즉, 각오하고 출근하는 날을 만들라는 것이다. 나는 이것을 극도의 '단짠단짠'이라는 단어로 자주 사용한다. 음식을 먹어도 단짠단짠을 반복하면 계속 먹게 된다고 하지 않는가? '열심히'를 강조하지만 우리는 사람이다. 에너지로 움직이고 에너지가 떨어지거나 멘털이 나가면 고장 난다. 두 가지 경우를 다 겪어본 사람으로서 말하고 싶다. 자신을 채찍질하는 것과 동시에 급속 충전할 수 있는 시스템을 갖춰라. 잘 놀기도 하라는 뜻이다. 단짠단짠 하게 일하기는 짧게 힐링하고 길게 몰입하는 것이다.

참고로 급속 충전일은 평소에 하고 싶었던 일을 하거나 가고 싶었던 곳을 가는 것도 좋다. 자신의 취향에 맞는 휴식을 찾으면 된다. 그러나 너무 퍼지지 않기 위해서는 부동산 안테나를 띄워 둬야 한다. 즉 부동산과 연관된 신축 건물, 리테일 숍, 안 가본 오피스가, 핫플레이스 등을 위주로 놀러 가야 한다. 쉽게 말해 느슨한 영업일이라고 생각하면 좋다.

각오하고 출근하는 날은 평소에 10방(10명의 신규 고객 발굴)을 하는 루틴으로 일하고 있다면, 이날은 20방, 30방을 시도한다. 출근은 6시에 해보고 퇴근은 11시를 넘어서 해보는 것이다. 일주일에 한 번 에너지를 확 소진하고 내 영업의 밀도를 강하게 끌어당겨 놓는 날을 만들어 놓으면 게을러지는 것을 방지할 수 있다.

★ ★ ★

고민하기보다는 일단 사무실 밖으로 나가라

고객을 찾으러 사무실 밖으로 나가야겠다고 마음속으로 다짐하고 아침 일찍 출근하지만, 막상 9시가 지나고 마음은 초조해진다. 다시 한번 마음을 굳게 다져 보지만, 시간은 10시가 넘어간다. 애매한 10시 40분쯤 되면 점심을 먹고 나가겠다고 생각하는데, 결국은 조금 더 철저히 준비해서 내일부터 외부 영업을 해야겠다면서 자신에게 위안을 주고받을 것이다. 그러나 이런 마음은 내일도 모레도 계속 이어지게 된다.

완벽하게 마음과 영업 준비가 끝난 후에 영업하겠다는 그날은 실제 오지 않는다. 외부로 가서 고객을 직접 만나겠다고 정한 그날, 그냥 나가길 바란다. 그날 하루 영업을 망친다고 해도 고민만 거듭하다가 며칠, 몇 주가 지나도 사무실 밖을 못 나가는 것보다는 백배 낫다.

사무실 안에는 우리의 고객이 없다. 사무실 밖으로 나가 고객을 찾아야 한다. 고객을 찾은 사람만이 계약도 할 수 있는 것이다. 우선, 시도하라. 시도를 한 사람과 행동하지 않은 사람의 결과는 천지 차이다. 누구는 억대 수익을 내지만, 1년 내내 수익을 못 내기도 하는 게 현실이다.

모르는 사람을 만나기 위해 콜드콜을 하는 것, 약속 없이 그냥 찾아가서 면대면으로 맞부딪혀 보는 것, 부동산 이슈가 있는지 없는지도 알 수 없는 잠재고객에게 나의 제안을 전달하고 심지어 진행 고객으로 만들어서 이사하게 하거나 부동산을 사고팔게 만드는 것 등은 어떻게 보면 너무나 막연하고 두려운 일일 수도 있다. 그러나 이런 두려움을 극복하고 콜드콜 전화를 걸어 약속을 잡고 잠재고객을 만나러 나가는 행동을 마친 후에는 비로소 알게 된다.

"별거 아니네."

막연한 두려움을 극복한 후, 모르는 사람에게 부동산에 관해 이야기하는 것은 자신이 생각한 것보다 무서운 일이 아니라는 것을 몸소 느끼는 것이다. 그러니 두려움은 접어 두고 일단, 9시가 넘었으면 사무실 밖으로 나가라. GO!

★ ★ ★

한 번 만난 사람에게 내가 부동산이라는 시그널을 계속 보내라

파밍 지역으로 매일 나가서 신규 고객 발굴 활동을 하다 보면 당장 부동산 거래 이슈가 있는 고객도 만나고, 좋은 기업이나 대형 고객인데 현재는 부동산 이슈가 없는 경우도 만난다. 중요한 것은 만났던 모든 사람을 이후에 잘 관리하는 것이다.

외부로 영업 방향을 잡고 우리의 의지로 고객을 발굴하던 중, 당장 찾아진 A급 고객은 계약이 성사될 때까지 몰입해서 성공해야 한다. 그러나 당장 계약할 만한 고객은 아니더라도 언젠가는 나를 통해 부동산 거래를 할 수 있도록 지속 관리해야 한다. 주기적으로 안

내장, 부동산 매물 소식지, 부동산 주요 트렌드나 기사 등을 이메일, 우편물 등을 활용해 내가 부동산 전문가이고 언제든 부동산 이슈가 생길 때 나에게 연락할 수 있도록 인지하게 하라는 의미다.

스팸 메일은 스팸이 먹고 싶은 사람에게는 최고의 광고다. 우리 일상에서 스팸 메일은 일상이 되었다. 이메일을 확인하다 보면 어디서 보낸 광고성 메일인지 출처는 확인하지만, 클릭해서 읽어 보지 않는 것이 대부분이다. 말 그대로 그런 메일의 효과는 그렇게 인지하게 만드는 것이다.

에이전트는 자신이 판매하는 부동산 매물, 공실 정보, 부동산 시장 정보를 고객에게 지속해서 보내야 한다. 그렇게 하지 않으면 매출이 좋지 않을 것이다. 에이전트가 보낸 이메일은 당장 부동산 이슈가 없는 메일 수신자에게는 스팸 메일로 여겨지더라도, 언젠가는 고객에게 클릭 당하게 된다. 아무리 좋은 건물을 사용 중인 임차인도 평생 한 건물을 사용하지는 않기 때문이다.

고객에게 부동산 이슈가 생겼을 때 제일 먼저 생각나는 사람이 '나'이기를 바라면서 오늘도 스팸 메일은 날아가는 것이다.

8
장

정도

전문가로서의 사명감을 갖기

★ ★ ★

재산이 아무리 많아도 같은 사람이다

에이전트에게 일을 맡기는 건물주는 우리의 신이 아니다. 서로 일과 서비스를 주고받는 사이다. 에이전트는 고객에게 일을 수주하려고 영업하는 위치에 서지만, 에이전트도 고객을 선택할 자유가 있다. 좋은 고객과 일해야 좋은 서비스를 제공할 수 있다. 아무나 고객으로 받아서 진행하면 안 된다. 이 점만은 마음에 새겨야 한다.

"에이전트도 고객을 선택해서 진행할 수 있으니, 고르고 고르자."

에이전트가 고객을 선택하려면, 진행할 고객 군과 버릴 고객 군이 많아야 한다. 다시 한번 '숫자'에 관한 이야기를 강조한다. 매일 일정량의 신규 고객 접촉 양을 유지하며 기계적으로 만나고 기계적으로 분리하며 기계적으로 버려라. 그러나 선택한 고객에게는 최선을 다하라. 혹시나 해서 나쁜 고객을 버리지 못하고 진행을 꾸역꾸역하다 보면 매일 불평과 기분 나쁜 일만 생길 것이다. 스트레스는 생각보다 쉽게 사람의 마음을 갉아먹는다. 에이전트의 심신 건강은 자신 말고는 챙겨줄 사람이 없다. 돈이 아무리 많은 고객이라도 내 말에 귀 기울여주는 예의가 없다면 버려라.

26살 때, 내 사수는 나 대신 내 고객 상담 차트 뭉치를 들고는 나에게 묻고는 했다.

"창희야, ○○ 이 사람 진행 어때?"

내 대답이 시원치 않으면 내가 보는 앞에서 고객 상담 차트를 쭈욱 찢으면서 말했다.

"창희야, 이 사람 더 만나지 말고 새로운 좋은 사람 찾아서 진행해라."

그때의 나는 사수의 행동을 이해하기 어려웠지만, 이제는 안다. 이게 정답이라는 것을. 우리가 건물주보다 돈은 없을지언정 자존심이 없나, 실력이 없나?

나를 존중해주는 고객과 일하라

몇 년 전, 회사로 찾아온 고객과 상담 중이었다. 내 명함에는 내 얼굴 사진이 인쇄되어 있다. 내 앞에 앉은 고객은 손을 어쩔 줄 모르는 사람이었다. 내 이야기를 듣는 태도도 불량했고 내 명함을 흔들면서 손장난을 치는 것이 눈에 거슬렸는데, 갑자기 명함을 반으로 접는 게 아닌가? 일부러 그런 건 아니겠지만 화가 났다.

나는 내가 최선을 다해 고객 일을 해준다고 생각하고 살고 있기 때문에 고객의 무례를 잘 못 보는 편이다. 나는 그런 때에 비아냥거리기도 한다. 그날도 그러고 말았다. 때로는 내 스타일대로 해야 내 마음을 보호하는 법이다.

나: 저기요 사장님, 남산타워 가보셨어요?

고객: 예, 가봤죠. (눈을 뚱그렇게 뜨고) 왜요?

나: 사장님 건물이 남산타워에서 보이나요?

고객: 에이, 안 보이죠. (하하하)

나: 그렇죠? 서울에 건물이 너무 많죠? 사장님, 서울에 건물
　　이 너무 많아서 저도 할 일이 많습니다. 우선, 제가 드린
　　명함을 다시 주세요.

고객: 왜요?

나: 제 명함에 제 얼굴이 들어 있는데, 지금 갖고 노시더니 접

어 버리셨잖아요. 전 사장님 일을 맡아서 안 할 생각입니
다. 안녕히 돌아가세요.

아직도 그날을 생각하면 속이 다 시원하다. 그런 예의 없는 사
람은 두고두고 계속 마음을 상하게 할 것이 뻔하다. 다른 일까지 기
분을 언짢게 해서 다 망치게 될 것이다. 세상에는 건물이 넘쳐난다.
나를 존중해주는 고객과 일해야 한다는 것을 잊지 마라.

★ ★ ★
부동산업은 윤리적 잣대와 전문성이 필요하다

우리나라에서 부동산 산업이 가진 위상은 그리 높지 않다. 30여
년 가까이 부동산 일을 해 오면서 세상이 부동산업을 생각하는 이
중적인 마음을 계속 봐왔다. 우리나라 최고의 대학교라고 부르는
학교에는 부동산학과가 없다. 부동산학을 돈을 버는 방법을 가르
치는 학문으로 생각한 탓이다. 누구나 자본주의 사회에서 돈이 얼
마나 중요한지 잘 알지만 말이다.

이제 부동산 분야는 높은 윤리적 잣대와 전문성이 요구된다. 부
동산학과도 많아졌고 대학원 석·박사 과정도 많이 개설되었다. 전
문성은 공부를 통해 얼마든지 높일 수 있는 세상이고 정보를 습득
하는 채널도 무궁무진하다. 그러나 도덕과 윤리를 중요하게 다루
는 수업이 많지는 않다. 타인의 재산을 다루는 직업임을 감안하여

더욱 강한 윤리 교육을 부동산학과 수업으로 진행하기를 바란다.

　나 역시 내 직업을 타인이 바라볼 때 좋은 직업으로 생각할 수 있도록 이 산업이 더 윤리적이고 건전하기를 바라며 그런 과정에 일조하겠다는 마음으로 일에 임하고 있다. 내가 근무했던 자산관리 회사, 대기업의 부동산 관리회사, 미국계 부동산 회사는 모두 고객과의 계약에서 윤리 서약서, 비도덕적 행위 발생 시 신고할 수 있는 안내문 등을 고객에게 자발적으로 제공했다. 큰 건물을 다루는 부동산 기업은 별도의 윤리 감시부서를 두고 고객에게 피해를 줄여지를 미연에 방지하고자 노력하고 있다.

★　★　★

상생의 마인드로 일하라

　부동산 에이전트는 타인의 부동산을 중간에서 거래하고 협상해서 계약을 성사하는 직업이다. 에이전트의 서비스에 따라서 고객은 부자가 되기도 하고 손해를 입을 수도 있다. 잘못하면 소송에 휩싸이는 때도 있다. 그만큼 책임감이 크고 막중하기까지 하다. 그래서 일을 행할 때의 마음가짐이 매우 중요하다. 자신이 목적으로 생각하는 수익을 위해서는 고객에게 확실한 이익을 만들어줘야 한다는 마음을 지녀야 한다. 부동산 거래 서비스를 제공할 때 기본적으로 나의 서비스로 인해 고객은 어떤 이익과 혜택을 갖게 되는지를 항상 먼저 생각하라는 의미다. 그런 마음 뒤에는 최고의 서비스를 제공했다는 강한 자부심이 생겨야 한다.

당연히 그런 자부심에 걸맞은 높은 수수료를 청구하기를 바란다. 주변에서 수수료를 툭하면 버릇처럼 깎이는 에이전트를 자주 본다. 고객을 욕하는 경우도 많다. 그러나 정말 좋은 서비스를 경험한 고객은 수수료 할인 요청을 하지 않는다. 어차피 전속계약서에 수수료는 일하기 전부터 정해져 있다. 전속계약서를 작성하지 않고 부동산 서비스를 제공하는 에이전트의 책임중개는 기대할 수 없다.

부동산 전문가로서의 꿈을 그리며

　부동산 영업으로 성공을 꿈꾸는 사람이 이 책을 읽었다고 생각한다. 부동산에 관심이 있어서 우연히 읽게 되었는데 부동산 비즈니스나 영업에 관심이 생겼을 수도 있다. 이 책에는 처음부터 끝까지 부동산 영업 성공의 키워드를 마치 군대 행군 같은, 잠재고객을 많이 만들어 나가는 숫자에 두었다. 그렇다면 이런 행군의 목적은 무엇일까?

사람은 누구에게나 꿈이 있다. 당신이 부동산 비즈니스를 시작한다면 무조건, 즉시 당신이 그리는 부동산 전문가로서의 꿈을 그려 보라.

꿈. 한 글자로 이뤄진 꿈이라는 단어는 사람에 따라 한 글자일 수도 수십, 수백 페이지일 수도 있다. 나에게는 부동산쟁이로서 꿈이 있다. 나는 부동산 관련업을 3대째 하고 있다. 딸도 부동산학과에 다닌다.

내가 젊었을 때 부동산 회사 명함을 들고 다니면 내가 다니던 회사가 대형 부동산 회사였음에도 불구하고 그에 따른 대접을 받지 못했다. 돈을 버는 천한 학문처럼 취급하는 건지 흔히 말하는 SKY 대학에는 부동산학과도 없다. 관련 학과는 있지만 말이다.

부동산 산업이 발전한 미국, 캐나다 같은 나라에서는 부동산 명함을 건네는 사람이나 받는 사람을 보면 우리나라와 같은 풍경은 아니다. 그러면서도 우리나라에서 돈이 많은 사람은 항상 부동산 거래에 관심을 집중한다. 대한민국 사회에서 부동산이 갖는 의미는 실로 엄청나다. 잘나가는 기업도 속을 들여다보면 본 사업보다 보유 부동산 자산 가치 상승으로 대기업이 된 회사도 많다.

부동산 일을 하면서 성실함, 정직함, 고객의 이익을 우선하는 마인드를 계속 강조하는 이유는 그런 것들을 전파하고 싶은 내 바람 때문이다. 어떻게 보면 동네 공인중개사가 엄청나게 많고 경쟁도 치열하지만, 제대로 일을 가르치거나 배울 수 있는 곳이 없던 것이 우리의 현실이었다. 이제 대한민국도 선진화된 만큼, 이미 상당한 수준으로 발전해 있는 부동산 시장에 걸맞게 거래의 일선에 서 있는 부동산 에이전트, 공인중개사, 컨설턴트도 선진화되어야 한다고 생각한다. 제대로 부동산 일을 배워서 고객 하나하나에 높은 품질의 서비스를 제공하고, 만족한 고객에게 전문가로 인정받는 선순환을 만들어 내는 데 일조하는 것이 내가 가진 부동산업에서의 '꿈'이라고 말할 수 있다. 부동산학도인 딸아이가 부동산 시장에서 일하면서 명함을 줄 때, 받는 사람이 "와, 좋은 직업 갖고 계시네요."라고 말할 수 있는 세상을 만드는 데 일조하는 것 말이다.

아무리 프롭테크가 발전하고 아파트나 원룸 등의 거래는 스마트폰으로 다 해버리는 시장이 오겠지만, 정말 부자들은 더욱더 고품질의 대면 부동산 서비스를 찾을 것이다.

왜? 그게 부자 마인드이다. 결국 우리는 성공한 부동산 에이전트라는 직업을 통해 우리 스스로가 부자가 될 테니, 곧 이 부자 마인드를 이해하게 될 것이다. 우리에게 쌓인 '부자를 더 부자로 만들어주는 능력'은 고객의 자산 가치를 높이기도 함과 동시에 에이전트인 우리 자신이 가장 잘 활용할 수 있게 될 것이다. 그 노하우와 실력은 온전히 우리 에이전트의 것이기도 하니 말이다.

이 책을 통해 당신이 영업 마인드와 강력한 멘털을 갖출 수 있다면 더없이 행복할 것 같다. 영업 마인드와 강력한 멜털이 준비되면, 그다음은 액션을 취할 차례이다. GO!

감사합니다.

2022년 11월의 어느 날